覺察情緒 好好生活

柚子甜——著

自序

好好覺察，將自己從內在的牢籠裡釋放

從小我就是一個很愛問：「為什麼？」的小孩。舉凡天空為什麼是藍的？海浪為什麼會一直動？水喝的時候要咬過嗎？錢為什麼可以買東西？一個物品被切得很細很細，小到快看不見，那它會變成什麼樣子？

據說大人常常被我問到怕，因為他們根本沒有想過「為什麼」。小時候不懂大人為何常常被問到生氣，長大以後才知道，「沒有為什麼」的活著，不去探索、不去質疑，才是所謂的「正常」。

而這種渴望知道「為什麼」的火焰，在我身上從來都沒有熄滅。從開始會認字之後，我就一直酷愛讀書、查資料，在拼湊出一件事背後的邏輯之後，那種恍然大悟的通透感，會讓我感到難以言喻的安心。

而這股渴望，宛如蒲公英的種子，一路跟隨我在人生路上飄蕩，直到遇見身心靈領域，這顆種子終於找到它的沃土，落地後開始繁盛地生長。如果要問我為什麼如此熱愛身心靈，就是因為這個系統的博大精深，能大大地回答我許多難解的「為什麼」：

為什麼我人生一再遇到感情的挫敗？

為什麼我就是沒辦法愛上一個對我很好的人？

為什麼我以為知道自己想要什麼，偏偏又常做出扯自己後腿的事？

為什麼我又是傲慢又是自卑？

為什麼我以為自己很強勢，但遇到小事情卻會馬上委屈掉淚？

為什麼我明明很討厭某種人，卻不知不覺變得跟他一模一樣？

為什麼我以為已經過去的事，但別人一提我就會暴怒？

為什麼有人看起來很熱心幫忙，我卻感到很不舒服？

每個人的人生都是這樣，有很多想不通的「為什麼」。乍看都是小事，連說都不知道如何開口。真的鼓起勇氣跟身邊的人傾訴，運氣好一點被別人勸一句：「這種無聊的問題，你不要想太多。」運氣差一點還要被白眼：「你這個人很糟糕，怎麼會這樣想？」

但是這些「為什麼」，其實背後都有意義，也在身心靈都找得到答案——而且每個人的答案，還不見得一樣。那是一種量身訂做、順藤摸瓜的貼合，有幸觸碰到藏在深處的真相時，內心會湧起一股通透靈魂的顫慄。

那樣的顫慄，源自於我們終於看見是什麼絆住自己，也就是找到所謂的「盲點」。

「盲點」一旦被探索、被覺察，攤在陽光下看清楚之後，我們就不再是被它束縛的囚犯，而是能選擇走出不一樣的路，那是一個人類原本想都不敢想像的自由。

而我確實也在三十幾年的人生路上，從以前一個非常痛苦、憂鬱、自卑、控制狂、滿腦子「受害者情結」的人，在接觸身心靈之後，一路透過覺察，並耐心地療癒探索出來的「盲點」，內心的包袱愈來愈少，直到現在過得喜悅而自由，每天都充滿清明與生命力。這不是靠「正面思考」或是「不要想太多」，而是「好好覺察」，把我從內在的牢籠裡釋放出來。

而這樣的「覺察力」，也是我長年以來一直想帶給讀者的。

＊＊＊

過去讀者來預約心靈的一對一服務，或許我都能幫助對方找到「盲點」。但是我一個人的時間和力量有限，所以不斷在思考，有沒有什麼方法，能夠更容易讓讀者自己找到答案？

於是「情緒光影卡」就在醞釀將近一年後誕生。由我構思圖像和文字解說，再請繪師朋友「文先生繪話郎」手繪成四十二張牌卡。

之所以選擇「牌卡」作為媒介，是因為它是我熟悉的靈性工具。但是坊間常見的牌卡，包括塔羅牌，很多都需要先花時間記憶背後的知識，對許多人來說是一個巨大的學習困難。

但是「情緒光影卡」的元素，就是一個人的「正向情緒」和「負向情緒」。只要我們是人，一定都體驗過牌卡上的情緒，所以不需要重新記憶，很快就能掌握。而「正向／負向」被賦予在同一張牌上，也暗指情緒本身並沒有「好」或「壞」，適當使用時就是「正向」，過度使用就會變成「負向」，只要透過覺察，就能恢復平衡，不需要排斥自己任何一個面向。

另外，我也將「情緒光影卡」定義為「直覺式牌卡」，也就是不用墨守成規地按照我設定的「原始牌義」解讀。只要內心被圖像某個點勾動直覺，也能作為牌義使用，零經驗也很容易上手。

也遇過有人擔心地問：「這樣用直覺來解牌，答案會不會是自己亂想的？」我都會耐心解釋：「牌卡最好的使用方法，不是拿來『算命』，而是用來『找盲點』。如果牌卡能幫助我們覺察出一個『原本沒想過，但確實能拿來改善現況』的盲點，那是不是自己想的，有什麼關係呢？」

＊＊＊

這本書就是透過使用「情緒光影卡」，覺察生活中的二十五個「盲點」，因而改變當下人生的療癒筆記。

你不需要擁有「情緒光影卡」也能看懂這本書；而如果你剛好有這副牌卡，每篇故事後面也有「情緒光影卡覺察練習」，你可以看完文章後，透過牌卡找出屬於自己的答案。

書中有我自己的故事，也有讀者分享給我的故事，也許你也會在故事中，看見自己有相似的課題。

如果這能帶給你一點「恍然大悟」的通透，那我會非常榮幸，這也是我寫下這本書的意義。

※故事中的人物都經化名與大量穿插改編，以維護當事人隱私。

※身心靈療癒屬於內在成長範疇，無法取代正規醫療，如果有嚴重身心問題，請搭配尋求心理諮商或精神醫療哦！

目次

輯二

修復關係的本質，是「修復自己」

輯三——當一個有成熟善意的人

輯四——為日常加入靈性元素

一、好好生活，好好工作

為什麼離不開討厭的工作？

每年過年前後，總是會有一位「老朋友」固定來找我。

他原本是朋友介紹來的案主，連續幾年見面也成了朋友了，而且每次問題都是同一個：「年後要不要離職？」他來的次數頻繁到讓我覺得，那些不斷反覆問同一問題的人，似乎不是在找答案，而是在苦苦等待一個好藉口，讓他從問題中脫身。

果不其然，他這次又嘆了一口氣，抱怨公司最近改組，壓力大到胃疾復發，但離不開公司還是同樣的理由：職位待遇優渥，換到其他地方沒這麼好的薪水。不過對於離職這種問題，我往往都不會給一翻兩瞪眼的答案，而是更傾向於深入探討眼前的選擇：「如果要離職，有什麼需要考量的地方？」或是「如果留下來，需要調整什麼心態？」

心靈工作跟算命不同，是幫當事人的痛苦「找盲點」，而不是「代替他做決定」。課題過關了，很多事情自然就會順，外境一直都只是人生課題的考場。但是這位案主卻有點不一樣，因為「去」或「留」各自的盲點，我們早已翻來覆去討論好幾年了，他也都表示知道，但下次又抱著同樣的問題來。這次我姑且先不回答，聽他繼續講下去。

「其實這一兩年看到你分享，要好好吃飯、好好睡覺的文章，心裡也覺得很嚮往。」他嘆了口氣：「我已經不知道多少年，吃飯的時候都在配電腦，一邊回信，一邊抓著三明治啃，中午沒休息就靠一杯濃縮咖啡，繼續撐到下班。你看，這樣胃怎麼可能好？」他說著眉頭又皺回去，揉了揉肚子。我懂那個感覺，自小腸胃嬌嫩，只要吃飯時有壓力、吃太快或太多，下午就好像有砂礫在腸胃裡翻攪，刮得胃壁疼痛。

我說很好啊，既然開始覺得身體重要，那我們先把「自我照料」融入生活如何？不用辭職、不會減薪，就只是先從吃飯時關掉電腦，選擇乾淨營養的原型食物；睡前遠離3C產品，冥想十分鐘幫助睡眠，你覺得怎麼樣？

出乎意料的是，他說，他有試著在練習。可是不知道為什麼，明明他是個很自律的人，對於「好好生活」的練習卻持續不了太久。就算逼自己定下來，心裡還是會一直反抗大喊：「這個沒有用！做這個幹嘛！」他不知道怎麼消除這種煩躁，所以想問我都怎麼做到的。

我一聽就覺得好奇了，通常「抗拒」代表底層有更深的東西，如果不挖出來看清楚，光是靠勉強是沒有意義的。我請他抽一張情緒光影卡，向牌卡詢問：「我想要練習好好生活，但卻一直沒辦法定下心來，背後真正的原因是什麼？」

他感受了一下，就憑直覺抽了一張，是「縝密周延／鑽牛角尖」。

這張牌上有一個小男孩，困在簡單的迷宮裡，把眼前的障礙物想得很可怕，不敢前進。但幾步之外，卻有幾個小孩開開心心地在陽光下跑向出口，輕易就離開迷宮。

第一眼看到這張牌卡，我腦中就浮起一個直覺訊息：「這個小男孩看起來像陷入困境，但其實是害怕走出迷宮——因為離開迷宮就要面對充滿陽光的新世界，這反而讓他不知所措。」

牌卡上的「迷宮」象徵他的工作壓力、戶外的「陽光」就是所謂的「好好生活」，但簡直匪夷所思，為什麼有人會不想離開困境，只因為害怕這麼美好的東西？

我突然想起，他曾經說公司同儕們賺得多、花得也兇，閒著沒事都在比買車、買房、買名錶、打高爾夫球什麼的。他出身平凡的藍領家庭，好不容易擠到一點「上流社會」的邊邊，自然說什麼都不敢鬆懈，工作比他們十倍努力，也比他們更不敢犯錯。那瞬間我恍然大悟，明白為什麼他沒辦法練習「好好吃飯、好好睡覺」的原因。

我放下牌卡對他說，現在要你練習「好好生活」，內心一定會警鈴大作——我們之所以能容忍高強度的工作到現在，是因為抱持著「金錢超級重要，有錢就能買到奢侈品、買到安全感、買到未來保障、買到別人的羨慕、買到階級翻身」的價值觀。

一旦轉而認同「照顧自己比較重要」，勢必會摧毀原本「金錢至上」的信仰，這些信仰一動搖，支持自己撐到現在的力量就會逐漸崩解。但我們努力了這麼久，怎麼能接受自己被「打回原形」？於是一面覺得「好好生活好重要」，練習的同時潛意識又抗議：「我不能放棄！我才不要回到原本一文不名的生活！」拚命對抗這些練習，這兩股力量的衝突，也是我們會很難定下來原因。

他想了想，抬起頭震驚地說，有道理欸，我都沒這樣想過，但確實是如此。「我其實很怕自己沒有上進心，就沒辦法拚得過那些家裡有錢、讀名牌大學的天之驕子。」他說：「所以雖然我知道好好吃飯、好好睡覺是對的，卻總是會把這些行為跟『怠惰』聯想在一起，不練還好，一練習就更急，甚至想更快把飯吃完好去開電腦，結果搞得更焦躁。那，我到底該怎麼辦？」

我將牌卡交給他，請他為這個問題抽下一張牌卡。這次翻開來是「作伴／分心」。牌卡上有一隻摀著眼睛睡覺，似乎正在陪著主人用功念書的貓。

「我記得你說過有養寵物？」我抬起頭問道。

「對，一隻米克斯，已經十幾歲囉！你要看照片嗎？」聊起自己養的貓，他表情瞬間溫和起來，滑起手機要給我看。

「那很棒！有時候我們靠一個人努力時，很容易把自己逼得太緊。但如果有個對象，陪伴我們花時間做想要的練習，就比較容易找到節奏。」

我說，「好好生活」其實是一個頻率，不見得要用在吃飯、睡覺上。如果寵物是你很愛、也願意花時間相處的對象，那「每天好好花一段時間，專心陪寵物玩」也可以是練習——就像牌卡上，寵物也在陪伴過度努力的主人，支持他的辛苦。

「你這麼說有道理，我只有在跟他玩的時候，沒有感覺在浪費時間，畢竟他也有年紀了，我也想多陪陪他，只是平常太忙真的疏忽這一塊。那就從明天開始，我每天都撥半小時遠離手機，跟咪咪玩跟說話！好棒，我喜歡這個練習！」他一掃原先的抗拒，開心得眼角都笑彎了。

雖然看起來這個折衷方法，和一開始「工作很痛苦又離不開」的問題八竿子打不著關係，但實際上背後有千絲萬縷的關聯。

工作很痛苦又離不開，很可能是因為原生的「價值觀」太根深蒂固。要動搖那個價值觀太困難了，不如看看有沒有其他新的價值觀讓自己感興趣，例如「好好生活」。

但一下子用太強的練習，例如：慢下來吃飯、喝杯下午茶放鬆，休幾天假去旅行，會讓原本的價值觀感覺受威脅，一下就放棄了。不如選一個擦邊球，例如：專心和寵物玩，只要心裡樂於執行，就會長期下去。

任何一個練習只要長期下去，都有機會壯大。就算暫時還是沒有離開工作，那份「專心享受喜歡的事」的品質，也可以慢慢延伸到其他事情上。或許有一天，他不再認為要靠壓榨自己，才能證明實力，那他不管之後離開或是留下，這個決定都是對的——而幫他做決定的，不是別人，而是長期醞釀出的，那份內在的氣定神閒。

情緒光影卡練習時間

如果你不喜歡你身邊任何人事物，但是又一直離不開，可以在洗牌後詢問情緒光影卡：「爲什麼我不喜歡○○○，但是又一直放不掉？」抽一張看內心眞正的原因，是什麼在困住你改變。

如果想請牌卡建議怎麼辦，可以加問：「我想改變這個困住我的○○○，請牌卡給我一個建議方向？」

牌卡可用直覺解讀，和牌卡原意無關也很歡迎，或掃牌卡盒內牌義解析提供靈感。

不管你去哪裡，旅行都有一種快樂的祕訣

就跟每一次旅行一樣，我決定目的地原因都很「隨便」——常常只是別人隨口一句「可以來這裡看看啊！」或是網路剛好滑到某張照片，就可以讓我包袱款款決定上路。

包括去宿霧這一次，臨時決定出國的理由就僅僅是——我一個多月前確診了，覺得不要浪費康復後的「無敵星星」，想趁還有免疫力的時候趕快飛一趟。不過說穿了這也是個藉口，當然有重複感染的可能性，但疫情這幾年被悶壞了，無論如何都想抓住個好理由，鼓起勇氣重新飛行。

至於為什麼是宿霧？理由竟然是早上打坐的時候，腦中突然浮起這個地

名。在這之前我對宿霧一無所知，只在公車旅遊廣告上看過，一查發現各方面條件都很適合我，價格不高、治安不錯、英文能通、疫苗資格符合、最近去的話又是乾熱舒適的氣候，加上宿霧有我喜歡的海灘與歷史古蹟，二話不說，單人機票就這樣刷下去了。

但一開始規劃的時候，卻是連續好幾天困在各大訂房網、地圖和旅遊網站，頁面切來切去幾百次交互比對。尤其我很在意住宿品質，會花很多時間尋覓好旅館，但好旅館可能不順路，或是要配合船班、退房時間、以及是否方便寄放行李。於是常常在搜尋一大輪之後，發現對不上行程又放棄重新來過。

種種瑣碎的事情攤在眼前，大腦很容易過載。連續整個下午在電腦前殺紅了眼，一下被某篇文章說服，覺得難得去一趟，這幾個大點不能錯過。一下又覺得我不是喜歡慢步調的旅行嗎，為什麼要把時間排這麼緊？菲律賓又是島嶼眾多的國家，有人說某某島很適合散步慢活、有人又說沒去某個潛點會抱憾終生、有人說某某島沙灘潔白無瑕宛若天堂。但這些島之間移動都要事先包船，航程有些還高達一小時，不是招個計程車隨時就能去的。

加上這些文章多半是兩人以上，甚至一家子出遊的攻略，但一個人旅行無論是事先預訂、或到當地併團，都會有不同程度的難關要過。做功課做到天色漸黑，各種資訊在亢奮的神經中互相衝撞，一回神已感到胸口悶緊，心浮氣躁。

一直都是自助旅行派的我，當下徹底能體會旅行社的偉大——它們的存在就是讓人省下這些煩心事，付錢就能輕鬆度假的啊！但當時的我也沒辦法臨陣倒戈選旅行團，因為旅行團多半是以兩人為單位報名，不然就要付超額費用，但這次我只想一個人去。我摸摸鼻子癱在床上發愁起來，這時眼睛瞄到桌上的情緒光影卡，好吧，既然千頭萬緒，那就請牌卡給點建議好了。

我一邊洗牌一邊問牌卡：「我幾號到幾號即將去宿霧旅行，但太多資訊心裡很焦慮，不知道該怎麼選擇，可以給我一點意見嗎？」

順手翻出來的牌，下方的文字寫著「盡力／疲倦」。我心想，問旅行的問題剛好就抽到這張，也太巧了吧？這張牌正好是一個背著大背包，風塵僕僕的旅人。但他在山腳下掩面而坐，眼前是一條很長很長，看不見盡頭的路。
這張牌一樣也有正反兩面意味——他是已經下了山，完成了長征的旅途，很累卻心滿意足的「盡力」呢？還是還在山腳，想到路還有好遠，就累到走不下去的「疲倦」？
一開始就翻到這張牌，難免會有點擔心：「會不會在暗示我這趟旅程會疲於奔命啊？」但因為我一向建議，牌卡不要用來「算命」，而是用來「覺察」，於是我先深呼吸，把這些擔憂放一邊，順便先參考一下牌義解析有沒有什麼靈感。
下一刻我就被解析上這兩句話擊中：
「心中的『意義』，決定你是耗損的『疲倦』，還是充實的『盡力』。」
「試著讓自己找到一個願意投入的方向，並且把紛亂的心收攏聚焦，專注投入眼前的任何事，豐沛的滿足感自然會在過程中湧現。」
我突然想到自己做功課的時候，最大的問題確實在於「我不知道自己要什麼」。

每次好不容易出國一趟，我心中都會有一種「什麼都不想錯過」的本能反應，好像少了哪個行程，這次旅費就虧大了。但本質上我又不是喜歡塞滿滿的人，更喜歡慢活，甚至還曾經在清邁待過一個月，除了一周上按摩學校以外，其他三周都無所事事，連清邁城都沒離開，但這段記憶在我心中依舊非常幸福，完全沒有因為少跑幾個點而感到遺憾。

我順著這個牌卡訊息，仔細思考後做了一個決定：「我真正想要的旅行是『好好體驗』。而我願意把這次旅行的所有金錢、時間、注意力都花在『體驗』上。」

那對我來說，「體驗」是什麼？體驗不是急著塞進最多的行程，狩獵著名的景點，將一座教堂或一片沙灘的光影獵捕進記憶卡之後，又匆匆趕去下一個地方探勘新鮮。那對我來說，只會獲得「好像很充實」的錯覺，但精神的「感覺」卻是枯竭與麻木的。

「體驗」對我來說，是放慢腳步，有意識地打開五感，將當下所在的一切色聲香味觸，好好收進細胞，印刻在腦海裡。如果為了這份體驗，需要多花一點時間、多掏一點錢，甚至捨棄一些行程，我都心甘情願承受。

當我做了這個決定，旅程的一切就豁然開朗。我告訴自己，就算到最後什麼行程都沒跑、只是每天住在飯店、去腳能走到的地方散步，我都答應自己會「好好體驗」任何事。那樣不管遇到什麼，我最後都會是心滿意足的，沒有一定要透過什麼必去、必吃的地點，旅程才圓滿，「好好體驗」本身就是一種圓滿。

甚至看到網路上琳瑯滿目的網美海灘照，原本懊惱單人旅行沒人幫我拍，帶腳架自拍又很花時間時，我想想也就坦然地放棄，跟自己說：「這次旅行我所有的拍照，都放在『好好體驗』之後——我希望之後回想起這一刻，是身體記得那份感動，而不是手機的像素重新合成。」

於是這趟旅行，我照片拍得不多，人像更少，但是我深深記得在麥哲倫十字架前，我因為願意多花一點錢買祈福蠟燭，也刻意沒拿起手機，因此能完全沉浸在當地阿姨用菲律賓語，幫我手舞足蹈祝禱的神聖光景。

我也記得我在巴里卡薩大斷層浮潛時，因為選擇不租水下攝影裝備，所以可以心無旁騖，追著悠游的海龜屁股後游泳。這種純潔的生物在海裡美得像天使飛翔，追一段路還被海龜瞄幾眼，一臉「你想幹嘛」的表情，讓我在浮潛鏡後面呵呵傻笑許久，覺得自己像浦島太郎，想追著牠去龍宮。

我也記得自己在阿羅納海灘，被清澈的海水深深迷住，而猶豫著想下水。以前會擔心包包沒人顧只敢踩踩水過乾癮，但想到自己「好好體驗」的期許，鼓起勇氣學外國人一樣，包包丟在沙灘就往海裡衝了。

中間時不時有回頭盯一下，發現自己其實過度緊張。在大白天又是治安良好的薄荷島，包包被拿走的機率非常低——海灘上大多是外國人在曬太陽，跟忙著招攬生意的當地人，根本沒人朝你的包包多看一眼。於是雖然我沒拍到什麼性感網美照，但我從頭髮到腳趾的每一寸皮膚，都好好記住了阿羅納海水的沁涼，以及沙灘的細軟，和被曬黑但笑得很開心的自己。

因為這個「好好體驗」的錨定點，我在旅途中很多決定都做得很乾脆。有些餐廳很貴，但是它的氛圍是我想體驗的，於是二話不說掏錢。有些地方趕一點可以去拍個照，但現在的我想好好在游泳池畔泡腳喝啤酒，那我就會毫不考慮的放棄。看到外國人都在沙灘上看書好文青，本來也想學，但問問自己當下更想體驗的是什麼？發現是玩水，於是沙灘文青的幻想就拋在腦後，衝去水裡玩。

「好好體驗」的背後，其實是門選擇的藝術。「體驗」是很個人的事，不是數量愈多就愈好，也不是愈刺激、愈難得就非把握不可。別人都說好的事，不代表自己就要買單；也不見得別人看起來很享受，自己就一定喜歡。

它需要不斷連結內心的感受，如果發現自己其實很想體驗，只是有點害怕，那就多給自己一點勇氣；如果其實並不想，但是別人都說必去，那反而要給自己不從眾的勇氣。而不管選擇哪一個，都不會在過程中懊悔，而是擁抱任何發生的事——因為「好好體驗」，本身就是一種圓滿。

不管你去哪裡，這都是一種旅行快樂的祕訣。下一次，也把「好好體驗」的信念打包進行李箱，帶著一起上路吧。

情緒光影卡練習時間

如果你也計畫著旅行，過程中也困在什麼都想要，希望能梳理個頭緒怎麼辦？歡迎抽張情緒光影卡，洗牌並問牌卡：「我計畫要去〇〇〇旅行，想請牌卡給我一個建議方向？」看看牌卡有沒有什麼提醒，可以讓旅行玩得更盡興哦！

明明知道有好辦法，但不知為什麼提不起勁？

做心靈工作的時候，經常遇到人生進退兩難的案主。那些問題攤開來看也都差不多，或許是厭倦目前的工作、考進了某間學校才發現不理想、有想做的事但不知道從何開始，而共通點也都是希望透過我的牌卡找出盲點，剪破那張掙脫不了的網。

但往往讓人匪夷所思的是，即使牌卡給了建議的方向，對方也覺得這方法可行，新目標也確實是自己想做的，甚至在講的時候也躍躍欲試，連同配套措施都手把手的陪對方擬定好了，眼看只剩下一步行動。

然而當我問起：「那打算什麼時候開始？」對方又開始支支吾吾，說可能等最近忙完吧、等適合的時機到吧、我再準備一下吧、細節我再想想看。什麼細節呢？需要什麼時機呢？具體來說又講不清楚，就算拆解成最小行動，例如「明天開始先查個資料」、「這禮拜先約業內的朋友吃飯，輕鬆聊聊細節」都不想，跟剛剛雀躍討論願景的樣子判若兩人。

以前我完全想不明白，躍躍欲試的事，怎麼會前一秒講的時候很起勁，下一秒就連最小的事都不願意抬根手指呢？換作是我，半夜十二點都會衝去做！明明就可以打破目前困境，而且也是自己喜歡的事，怎麼會寧可繼續困在原地，也不想花一點點力氣尋求掙脫的機會？

但別人的人生畢竟不是我的，我只負責解讀牌卡訊息，讓他知道下次又受不了時，還有這個方法可以試試看。只是我不確定，「知道」了以後，「做到」的人有多少。

直到前陣子一位朋友來找我聊天，提到自己在玩情緒光影卡，而牌卡奇蹟似地為我們破解了這個謎題。

朋友也剛好很不滿意自己的工作，但短時間內沒辦法換跑道，於是想跟其他有副業的親戚學新技能，希望在下班後尋求新的成就感。

親戚很大方，一口就答應手把手的教。這時反而換朋友提不起勁，一而再地拖延教學時間，直到親戚反問他到底是不是真的想學，他教這門課在外面可是要收費的，他才驚覺自己處於一個矛盾的狀態：亟欲掙脫現況，但對任何扔過來的繩索卻無法伸手抓住。

本來他又想慣性地怪自己沒用、不自律，甚至又想像過去一樣，坐下來「擬訂戰略計畫」逼自己上進，但他也知道自己會跟過去一樣，擬完也只會執行一兩天就放棄。這次他想起常聽我說「知道但是做不到，背後一定有原因」、「不要硬逼自己做到，要去找困住自己的盲點」，正好手邊有牌卡，他就試探性地拿起來，洗牌抽一張。

翻開來是「盡力／疲倦」。上面是一個掩面坐著的人，背著沉重的背包，眼前是很長的一段路，延伸到看不見盡頭的地方。

「我那時候看到牌，心裡馬上登愣一聲。這完全就是我現在的寫照啊！」

「我在原本的工作已經疲倦到心力交瘁，就像上面這個人一樣，已經無法再前進了。就算告訴我前面山頭有絕美的風景，現在的我就是站不起來，只想坐在大石頭邊一動也不動，因為我真的好累。」

朋友光是看到這張牌，心裡已經原諒自己一半，知道自己不是廢、沒用、懶惰，是真的處於心理的筋疲力竭狀態。

但是這樣也不是解決問題的方法，他想知道該怎麼處理這個困境，於是好好地洗牌，又認真地感應哪張牌適合他，接著抽了一張。

你知道是什麼嗎？正好又是這張「盡力／疲倦」。

朋友當場嚇傻，想說我明明有洗牌啊，怎麼會抽到同一張？但是重複抽到同樣的牌，代表這是重點課題，他馬上去仔細查閱牌義，裡面有一段徹底打中他。

＊＊＊

「很累」不見得是壞事，但必須好好覺察那個「累」，背後的情緒是什麼。有時候「很累」背後帶著滿足，例如花了五小時爬完深山祕境，鐵腿但是有種充實的幸福。有時候「很累」是極度耗損，即使還沒有花很多體力，已經覺得走不下去。

心中的「意義」決定了是耗損的「疲倦」，還是充實的「盡力」。但意義不見得要是高大上的目標，平凡的日常也能找到意義，關鍵在於是否願意「全心投入」。

試著讓自己找到一個願意投入的方向，並且把紛亂的心收攏聚焦，專注投入眼前的任何事，豐沛的滿足感自然會在過程中湧現。

＊＊＊

朋友告訴我，他看到這段以後，確實地好好反思自己，「累」的背後有什麼情緒。

他發現是很深的「淹沒感」——已經不想再被交付任務，不想要再有「沒做完」的感覺，也因為這樣，他對於要重新開始學新東西感到厭惡，因為那會有一種「又有事情沒做完」的感覺。

但是這段牌義也提醒他，其實他該享受的是過程中的「意義」，而不是悶著頭勉強「做完」。

他可以改變想法，學新東西的過程快樂就好，不要想著「要趕快學會，這個東西可以帶我脫離苦海」，不然學新東西就只是另一個變相的「工作」，而且是「沒做完的工作」，自然就一點都不想開始。

當成玩樂，當成好奇摸索世界的過程，就算沒爬到山頂，也看到了路上的新風景——而那本身就是他想為苦悶生活，帶來一抹曙光的「意義」。

情緒光影卡練習時間

你也有「想改變但提不起勁」的經驗嗎？也許和這張牌上的人一樣，不是未來不吸引人，只是被之前的折磨過度耗損，而無法移動雙腳，離開受困的當下。

試著覺察「不想再前進」背後的情緒，給自己一些鬆動。也許你只需要好好休個假，也許你需要的是重拾一顆玩樂的心，或者是需要從其他方面著手，這些都可以透過牌卡給你新的指引。

抽張牌卡問問，或許會發現從來沒有想過的答案。

「課題」處理了，做什麼決定都是對的

一位目前是全職媽媽的朋友私訊，聊起一個困擾他多日的煩惱，說臨時接到一個工作邀約，內容是他能輕鬆勝任的，而且收入很不錯，但他非常猶豫。聽到這裡我就疑惑，那是要煩惱什麼？錢多事少很好啊，幹嘛不去？

「但是如果我接了，就會剛好錯過小孩學齡前最重要的時光，這正好也是我很重視的。」「可是我又被那筆收入吸引，一下子會多很多餘裕，這點我實在捨不得放下。」

那兩天他決定好了又反悔、反悔以後又重新決定，翻來覆去兩三天之後，我又收到朋友苦惱的訊息，於是我靈機一動想，這樣翻來覆去也不是辦法，乾脆為他抽張牌卡好了。

結果一翻出來是「豐盛／放縱」，我忍不住噗哧一聲笑出來。這張牌卡的圖像，是一個女生在滿滿的金幣上跳舞，天空撒下了花朵，看起來非常豐盛而雀躍，代表著「好好享受擁有的一切，現在這些物質是老天賜予的禮物」。但遠方也隱隱約約有烏雲和悶雷，象徵著如果過度耽溺在物質，忽略精神層面的重要性，就可能有「放縱」的隱憂。

問金錢的問題，又剛好抽到這張牌，其實非常有意思，到底要他「好好把握」這個金錢機會，還是「不要太沉溺在金錢誘惑」？

解牌的人，永遠都會有「到底怎樣解才是對的」疑惑，這都很正常。只要記得，重點永遠不是「決定」本身，而是「覺察」的過程。而我和朋友這次的發展，剛好示範了一個極佳的例子。

「看了這張牌，其實我覺得你可以認真考慮一下耶。」我回訊息給朋友說道：「這張本身有『接納老天給我們的一切』的含義，而你這個優渥的工作，本身不就是個突然出現的禮物嗎？」

「之前一直聽你說很擔心錢，也希望錢給你更大的自由。剛好我這陣子在《匱乏經濟學》有讀到，金錢的『匱乏感』其實會讓人思考變得狹窄，只看得到眼前的好壞，目光沒辦法放得長遠。」

「有沒有可能，當我們接了這個工作、收入變寬裕了，後面人生的很多選擇，也會因為匱乏感消除了，而能做出更好的決定？」

我發出訊息之後就去上瑜伽課了，下課後就收到朋友的回覆。

「柚子，謝謝你幫我抽牌，我看到牌也笑了！」朋友說道：「但你知道嗎？我看到牌之後，我更加確定我不去了！」

欸？在我上課的時候發生什麼事？我繼續往下看。

「其實嚴格說起來，我們家經濟是沒問題的，只是我一直有強烈的金錢恐懼，不管怎麼樣都希望賺更多、存更多才覺得安全，也因此收到工作邀約時才猶豫半天。」

「但看到這張牌的時候，我意識到當我放下『害怕錢不夠』的恐懼時，心裡真心浮現的渴望是『希望能夠好好陪小孩』。所以我決定克服心魔，將眼光放在『其實我們家經濟能力足夠，要看到目前已經擁有的』，而不是被恐懼拖著走而接工作，放棄自己真正在乎的事。」

看到朋友這樣說，我馬上在手機另一端笑起來，太棒了！沒錯！真正的解牌就是這樣！

我在教牌卡課時，也遇到很多人常常會問「怎麼解才對」、「會不會這個答案只是我自己亂想的」，我都會回答：「解牌沒有對錯，只要你能從中發現自己沒意識到的盲點，然後學習去克服那個盲點，之後讓一切自然展開，結果就會是對的。」

我和朋友的故事，就是個很清楚的案例：我從牌卡上直覺讀到是，朋友現在處於「匱乏感強烈」的狀態，而我也因為平常的相處，知道這是他長期以來的金錢恐懼，不是三兩天就能解決。於是鼓勵他乾脆收下老天給的禮物，先讓貨真價實的收入填滿戶頭，有底氣之後或許會不一樣。

但重點來了：我並不是告訴他「牌卡要你接下工作」這種「算命式」的答案，而是讓他知道「解牌的思路是什麼」，而在這個思路下，「接工作」或許是個「療癒匱乏感」的選擇，他可以考慮看看。

這樣的方式，會讓當事人有最大的決策自由，而不是「害怕不聽牌卡的會有厄運」，而喪失思考的力量。

不過恰好朋友平常就很有覺察，他聽完我的分析，馬上領悟到重點不是「錢」，而是自己「匱乏感」在作祟。所以他不是靠「接下工作」，而是用「好好珍惜」來療癒匱乏感，接著再做出更適合自己的選擇。

我在教解牌時也常跟同學說，牌卡揭露的是「課題」，並不是「答案」。如果課題沒有解決，做什麼都錯；但如果課題開始處理了，做什麼都對。

換句話說，如果朋友在沒看見課題的前提下，仍舊抱著「匱乏的恐懼」去接了工作，但就還是有可能抱怨沒時間陪小孩、賺的錢不夠花，持續產生新的不滿。但他一旦意識到源頭是「匱乏感」，選擇用「珍惜已經擁有的」來面對，那他不管接或不接都是對的——接了，可以享受金錢餘裕和工作的成就感；不接，則可以享受家庭時光，兩種都達到了最大的「豐盛」和幸福。

對我來說，解牌沒有高深的技巧。放輕鬆、多覺察、深度思考，不用急著解開「天機」——只要「課題」處理了，做什麼決定都是對的。

情緒光影卡練習時間

拿出「豐盛／放縱」這張牌，仔細觀察牌面。

滿滿的金幣和珠寶，代表的是「物質界的享受」。這份享受原本是中性的，甚至是喜悅的，但受到世俗教條的影響，往往變得過於兩極——一方面貪心地想要擁有，一方面又覺得應該要節制。其實貪心的人永遠想著「不夠」、節制的人永遠在恐懼「過度」，兩種都沒有看見「自己當下擁有的」。

「好好享受豐盛」其實很簡單，它就是百分之百的體驗「現在」。好好泡一杯茶，嗅聞層次細緻的香氣，讓舌尖浸潤在苦味與甘甜。好好吃頓飯，咀嚼米飯的原香，蔬菜的甜脆，湯頭的濃郁，色聲香味觸都好好地擁抱當下，這樣的幸福感就是「豐盛」。

用這張牌提醒自己，擁抱當下的享受，就是活在「豐盛」的頻率裡，而這樣的頻率，自然會召喚更多「豐盛」到來。

為什麼一直想吃零食？

有一次收到一位讀者私訊，他說發覺最近吃東西變得很快，即使已經提醒自己了，還是無法慢下來，覺得這背後應該有什麼情緒卡著。

結果他抽了三張情緒光影卡，三張都精準命中他最近焦慮的議題，一看心裡就舒緩了下來，知道問題出在哪，就能好好面對，覺得非常療癒。

正好，我也曾經問過非常接近的問題。

很多人拿起一副牌卡，主要不是「不知道怎麼用」，而是「不知道要問什麼」，好像沒有特別想「算」的事，牌卡就無用武之地。事實上牌卡能問的東西很多，尤其跳脫「算命」的框架，改用「照見盲點」的視角去使用，更是用途大開。我常常比喻就像照鏡子，平常我們想要整理儀容，看看頭髮哪裡亂了、牙齒有沒有卡東西，都會很自然地照一照。牌卡也是一樣，想看看內心有沒有什麼需要調整的地方，抽一張牌幫內心「照照鏡子」，看看盲點，也能很快恢復乾淨清朗。

回到剛剛抽牌問「吃東西」的話題。有一兩個禮拜，我不知為什麼一直想吃高熱量的食物代替正餐。即使先讓自己吃飽了，挑選的食物也非常新鮮營養，心裡深處還是有個聲音在耍賴：「我想吃洋芋片！我想吃炸物！我想吃重口味的東西！」

如果是以前的自己可能會很自責，怎麼會想吃對身體不好的東西；或是乾脆豁出去想：「算了啦！平常吃那麼健康，偶爾來一點又不會怎樣！」而衝出去買一包洋芋片來嗑。

但這次，我改變平常的模式，選擇先問問自己「到底怎麼了？」我拿出情緒光影卡，洗了牌，問牌卡說：「為什麼我明明就不餓，心裡還是一直有股衝動想吃垃圾食物？」

抽牌，翻出來是這張「隨緣轉心／患得患失」。這張牌的圖像描繪的，是一個小女生在剝著玫瑰花瓣，像是在玩「他愛我、他不愛我」的占卜遊戲。剝下的花瓣隨風飄揚，在空中組成運轉中的命運齒輪。齒輪的共同運轉，象徵著因緣俱合、人都只是這個世界的一個小齒輪，誰都沒辦法決定全局。

正向牌義可以理解成，人在徬徨時，都很想確定些什麼，甚至連花瓣占卜都能帶來一絲慰藉。但實際上會遇到什麼，往往都是因緣分流轉，不可能盡如人意。如果能意識到自己也是命運齒輪的一環，就能更坦然地接納，隨著因緣轉換心念。

負向牌義則是，如果只想控制一切，事事都要如我們期待，對事情的發生只有「好」和「壞」的二分法，很容易落入患得患失的情境。

然而讓我恍然大悟的，卻是牌義的「延伸思考」這段：

＊＊＊

事情本身是中性的，一切都在該發生的時候發生，只是我們「不想要」這樣的時間、這樣的事件，又無力控制，才造成「患得患失」的痛苦。

＊＊＊

乍看之下原本這張牌，好像和「為什麼一直想吃零食」無關，但我看到這一段文字，馬上就懂了。

我的解讀是，人本來身心狀態就是會起起伏伏的生物，偶爾會想吃不健康的食物也是正常的，畢竟這些東西真的很「美味」。但我一直認定是「哪裡沒把自己照顧好」，覺得這是「不應該發生的壞事」，這並不合理，也會給自己造成無謂的壓力。

於是我先跟自己說，沒關係，我先接納自己現在就是想吃，也可以自由選擇要不要吃，不用這麼自責，食欲起起伏伏本來就是很正常的狀態。

接著，我再看到圖上那個愁眉不展的小女孩，腦中忽然閃過三個字：「委屈感」。

當下突然辨識出內在的情緒了。我內心深處，確實有種委屈感沒錯——因為那陣子在看的中醫，可能藥的劑量比較重，我又是對藥性特別敏感的體質，連續一個多禮拜睡前會心悸，睡眠品質很不好。

剛好同段時間，早上又有事需要早起，常常忙到下午已經累到靈魂出竅，走路都可以睡著，可是又沒時間補眠，晚上再度難睡（當時還不知道可能是中藥的原因，所以還有繼續吃），這樣重複操勞一個多禮拜下來，身心已經滿滿透支，也因此油然而生一股委屈感。

而小時候，只要覺得委屈，我常常都是靠吃「大人不准吃」的食物來獲得快感，那帶著一種反叛、自由、自我彌補的味道。

這也是為什麼，我往往在忙得愈累、愈委屈的時候，腦中就會一直浮起洋芋片、炸物、零食，伴隨著一股輕微的「我不管，我就是要吃」的憤怒——因為我不是真的餓，而是在尋找自我彌補的出口。

那後來我有吃嗎？有。我後來先吃完健康的正餐，把血糖和營養穩定了之後，去買了包洋芋片和冰啤酒，坐在公園裡，一邊放鬆看綠樹，一邊卡滋卡滋地把它們吃掉，發洩了心中的委屈感。

但雙管齊下的是，我當天也刻意提早睡，拉長睡眠時數。也把不急的工作移到睡飽之後再說，不讓「我已經這麼累了，還這麼多事情」的委屈感繼續累積。

隔幾天之後，剛好藥吃完卻還沒有時間回去拿，意外發現自己竟然可以沾枕及眠，才發現是藥性造成睡前心悸，於是那幾天逮到時間就蒙頭大睡，把欠的一個多禮拜睡眠債還清。

睡飽之後，神智清明，那股委屈感就完全消失了，一點也沒有想再吃垃圾食物。

我們一般人常常為了健康，逼迫自己「應該」要做什麼、「不應該」做什麼。實際上，刻意勉強自己，往往維持時間不長，也很容易造成反撲。

從現在起，試著練習將這種覺察，放一點點在自己身上。如果一時沒有頭緒，透過牌卡給點提醒，也是個不錯的方法。找到真正「做不到」的根源，自我照料也會更加輕鬆。

情緒光影卡練習時間

許多人爲了健康與身材，長期和「情緒性進食」拉扯，但往往在忍耐幾天後就破功，忍不住又爆吃。

如果到厭食症、暴食症、飲食失調等身心嚴重困擾的程度，已經不是單靠自己就可以處理，建議尋求專業協助。

但如果平常飲食都很正常，只是偶爾一段時間不知爲何就是想情緒性進食，可以透過抽張牌卡詢問「爲什麼我明明就不餓，心裡還是一直有股衝動想吃垃圾食物？」看看背後有什麼情緒，並且試著處理它，而不是單靠「意志力」去壓抑哦。

走不出情緒，和身體能量有關

曾經有幾天的時間，我莫名地情緒躁動。明明外頭陽光普照，我散步去一間咖啡廳，手邊沒什麼急迫的工作，點了杯飲料，還能在窗邊坐下來看書。

明明應該要悠哉愜意的午後，心裡卻莫名地煩躁，目光所及之處都能引動我怒火，腦袋閃過什麼念頭都能讓我不爽。連餐廳的人講話太大聲、椅子不好坐、胡椒罐空了沒補，每一件小事都能讓我內心怒起一輪批評，覺得所有人都是荒謬的笨蛋。

就算是靜靜地坐著，只要腦中隨機浮現哪件陳年舊事，立馬就能上演一輪小劇場。前一秒還對某個人惱怒不已，痛恨他當時能毫無愧疚地傷害別人；下一秒又自怨自艾，為什麼我看不開這件事，要被這種人拖垮心情。坐在陽光灑落的落地窗旁邊，店家還播放著優雅的古典樂，我卻硬生生地把現場活成煉獄，外頭一派輕盈，只有我的心在蒸騰著炙熱的怒氣。

但就在僅存的一絲理智裡，我輕聲地提醒自己：「覺察。」

明明當下就沒發生什麼事，更何況那幾齣在我腦中上映的爛戲，現實中也早就結束多時。但每當頭腦又浮現了什麼記憶，在沒有覺察的情況下，我們都容易過度跟它較勁。而這種行為，其實就是一種慢性自毀，人總是被拖行得傷痕累累而不自知。

所謂的「覺察」，不是盲目跟頭腦感知到的東西起舞，也不是刻意忽視假裝不存在，而是練習取得一個微妙的中間值——跟它「保持距離」。

但當時的我即使想冷靜，還是被強烈的情緒纏住脫不了身，何況保持距離？在我苦惱之際，我想到了可以用情緒光影卡。

當時在設計這副牌卡的時候，不只是讓它用來抽牌而已，其中一種功能，是我們困在「複雜情緒」裡無法掙脫時，可以透過挑選牌卡的方式，幫情緒抽絲剝繭。於是我一張一張翻看圖像，感受一下哪幾張是我現在有的情緒，將它們選出來一一攤開。

最後我選出來的是這四張牌：「威嚴／威權」、「防禦／帶刺」、「界限／疏離」、「回溯問題／反芻情緒」。

我仔細審視這四張牌，沒錯，「威嚴／威權」這張牌，裡面的國王坐在寶座，高高在上，不可一世的態度，像極了我當下看誰都不順眼，覺得所有的人都是笨蛋的高傲。

「防禦／帶刺」，牌卡上的人，身上籠罩著一層仙人掌般的氣場，不管看到什麼、想到什麼，都想亂攻擊一通，無差別刺蝟模式，就是現在的我無誤。

「界限／疏離」也是我，就像牌卡上把自己隔離在玻璃外的人，不管好的壞的統統給我滾開，我只想要一個人待著，你們都不要來煩我。

「回溯問題／反芻情緒」，圖像根本也是我現在的寫照，明明安全地窩在沙發上，旁邊還靠著一隻悠閒的貓，腦中卻還是一直反芻著過去傷害自己的記憶，硬要撥弄結痂的傷口。

當我挑出這四張牌放在桌上時，透過牌卡的具現化，我輕鬆成了一個「保持距離」的旁觀者。並不是靠壓抑自己來保持平靜，也不是任由自己在情緒裡橫衝直撞，而是透過牌卡「照鏡子」，好好看看自己內心怎麼了。

這四張牌並排在一起，我馬上浮起一種「啊哈」的恍然大悟。而這也是一種解牌技巧，每張牌分開看都會有各自的訊息，但是合在一起看，彼此也像是會「溝通」一樣，串聯出新的線索。

我觀察到四張牌上的主角，恰好都呈現一種「孤立」的姿態——他們都在用不同的方式在推開世界，表現出「你們統統離我遠一點」的對抗感。

我核對一下內心的感受，發現和現況驚人地相似。就算現在的我只是靜靜地坐著，內心湧上的種種憤怒感，也都是在「對抗」外面的世界。但明明這麼做並不舒服，我隱約卻從這種過程中，獲得某種奇怪的力量感——但為什麼現在的我，會需要這股力量？

再仔細感受那股「對抗」的背後，我竟然挖掘到了根源是「虛弱」和「疲憊」。這才突然意識到，自己這幾天身體確實不太舒服——熬夜，奔波消耗大量體力，還合併生理期前的浮躁，能量處於相當耗損的狀態。

而當處於虛弱時，透過內心攻擊別人，我會感受到一股虛假的力量感，讓我覺得自己其實沒有這麼弱，我還有能力假裝自己很強大，不被他人欺負。

過去我從來沒有這樣思考過，不過好像確實有幾分道理。我們都以為虛弱的人表現出來的，應該是依賴和軟弱，但其實很多人生病或疲憊的時候，反而會比平常更暴躁、更有攻擊性。除了生理因素以外，或許有一部分的原因，是身體的脆弱讓內心感到不安，所以無意識會用「對抗」的態度面對世界，用虛張聲勢來讓自己感到安全。

而用這種「對抗」態度，自然很容易看所有的東西不順眼，即使當眼前沒東西批評了，也會在腦中放映小劇場，內心演起一齣齣攻擊的戲碼。

這都還只是風平浪靜的時候。如果當下還真的遇到什麼摩擦，例如有人超車或插隊，平常我們可能會皺個眉就算了。但能量虛弱的時候，已經看到什麼就不爽了，又虛弱到沒有力量維持理性，非常有可能腦子一熱，東西一摔就跳下去拚輸贏了，這不也是經常發生的事嗎？

當我一旦意識到：「啊，原來我情緒這麼浮躁，是因為現在身體不舒服啊」，幾乎是一瞬間，我內心就安靜下來了。

沒有透過任何療癒、沒有逼自己想通什麼，光是這份清明的覺察，就帶來深刻的安頓。當然身體還是虛弱的，然而當強迫性的情緒內耗停止，就是對保存能量最大的幫助。

身體不會一時半刻就修復，但我就跟自己說，好囉我知道了，等等我們吃點營養東西，就回家好好補眠，不急的事可以明天再做。今天你想放鬆追劇，或搭車回家都行，暫時不要再走太遠的路消耗體力了。

如果過陣子，內心又無意識地浮起那股攻擊情緒，我也會提醒自己：「好囉，你其實不是真的這麼生氣，只是能量太虛弱想保護自己，沒事的，深呼吸。」這份覺察，也會很快就幫助我放下心中那隻緊抓著劍的手。

如果我的大腦不死心，告訴我某件事很嚴重，非得好好想清楚不可，我也會安撫它說：「好，那等我們身體恢復再說。現在在情緒上想這件事，不會得到任何解答，只會讓自己更生氣而已。」而讓它暫停反芻。通常過一陣子，情緒平復後也就過了，根本沒有什麼非想通不可的事。

就如同我平常總是在文章裡提到：煩惱想要「想通」的關鍵，其實是「調頻」。很多道理其實很簡單，但如果我們發現自己「知道卻還是做不到」，那很有可能是「頻率」還沒到那個狀態。這時候好好吃飯、好好睡覺、做些滋養身心的事，會比逼自己「想通」還有用一百倍。

真的在好的頻率裡，很多東西一點就通，根本不需要想破腦袋。但在這之前，一份「好好覺察」的清明，是讓自己停止內耗，清晰地看見「現在該怎麼做」的關鍵一步。

情緒光影卡練習時間

有時候莫名覺得卡卡的，胸口有股糾結的情緒，看什麼都生氣、看什麼都難過？拿出整副情緒光影卡，挑出你覺得最符合你現況的牌。張數不限，也不用拘泥於牌上的情緒文字，只要圖上某個部分讓你有共鳴就可以。用旁觀者的視角看看：這些牌有什麼共通點？這個共通點，有沒有讓你想起最近發生的事，或某個一直卡在心中的結？梳理這個事件或心結，才能眞正安撫情緒的源頭哦！

二、修復關係的本質，是「修復自己」

從曖昧變成陌生人：即使沒有開始，也想好好結束

一天晚上，我在臉書滑到一張平凡的美食照，正打算無視時，下方的留言卻讓我心臟停半拍：「啊你是跟女朋友去喔？」

大腦還沒反應，手已經下意識地搶先一步點開下面的留言，一個熟悉的名字回答：「是啊！」

思緒一片空白，盯著螢幕上的兩個「是啊」，不知道如何反應。理論上我應該要鬆了一口氣，畢竟當初我打從心底希望他趕快交到女友，但此時的我，卻不知道如何命名胸口湧出的複雜情緒。

那個回答「是啊」的人，是過去一位無緣走到一起的人。跟他的故事其實一

點都不複雜，我在一場活動認識了他，彼此單身，第一次相遇就有好感，想說交個朋友無妨。於是和許多戀情的開端一樣，交換了聯絡方式，頭一個禮拜熱絡的聊天，又因為太想見到對方而約了見面。

碰面時隱約覺得不對，許多澎湃的好感似乎是幻想折射出來的，文字平常藏得住許多不對盤，見面卻如同照妖鏡一一現形。但不知道是寂寞還是渴愛，我們不顧警鈴大響愈走愈近，聊天裡揉合的調情比例愈來愈高，見面也會有一些若有似無的親密舉動。

直到三周後，對方做了一件嚴重踩到我底線的事，而且毫不認為這有什麼問題。我當下把憤怒的話吞在肚裡，剛萌芽的情感粉碎在心裡，回去以後冷了下來，終於面對一直不肯面對的現實：他不是合適的人，就在這邊停止吧。

由於當時的關係處於「友達以上、戀人未滿」的尷尬刻度，雙方都在用「朋友」的身分掩飾好感，平常還會說一些反話，假裝對彼此沒興趣，所以名義上我無法直白的「分手」，只能開始冷卻溫度。剛開始我會很有禮貌地回他訊息，但是把時間刻意拉長，並且客氣地回絕任何邀約。我可以感受到對方的困惑，看著對方幾次打電話來，想像以前一樣在睡前聊聊重溫關係，我只能轉頭關上門，任由手機留在房間響個不停，頭像鴕鳥般埋在沙裡閉眼默念：「對不起，對不起。」

幾次之後他就明白意思了，沒有死纏爛打，對話就停留在某次無關緊要的訊息，像是不說破的和平分手。我心中無數次祈禱他能趕快遇到愛情，就不會怪我莫名其妙拋下他，而我也在後來進入新關係後，刻意避免讓他知道，否則不曉得怎麼收拾心中的內疚。

我以為我已經忘了這段短暫的曖昧了，直到臉書上那句「是啊」浮上來，心底才有什麼東西被翻倒了。

毫無疑問，我是很恭喜他有新對象的，畢竟我確定自己不想跟他在一起，但心裡的五味雜陳卻不像是「高興」，甚至整個晚上耿耿於懷，做什麼事都籠罩著一股鬱鬱寡歡的惆悵。

如果是以前的我，鐵定會滿滿的疑惑：「當初是你先拋下他的，現在是在不高興什麼？」「占有欲也太強了吧，自己先拒絕他的，現在他有新對象還吃醋？」也想到如果跟閨密聊起，他們一定會反問：「為什麼會在乎這個？時間都過很久了，你現在感情不是也很幸福嗎？」

對，我也不知道為什麼。我現在的感情很幸福，和伴侶每天相處都很開心，離這段曖昧也很久了，平常很少想起他，所以並不是舊情難忘。是占有欲嗎？但我並沒有反悔要跟他在一起，甚至根本不希望他還記得我，心裡不用留我的位置沒關係，這樣還算占有欲嗎？

我很少有不知道如何辨別內心情緒的時候，雖然情緒往往過幾天就會淡了，我卻不想放棄這個了解內在的機會，於是拿出情緒光影卡洗牌，問道：「為什麼我聽到他有女友的消息，內心會這麼不舒服？」

抽到的牌一翻開，是「自在／散漫」。

第一眼看到這張牌我很疑惑，因為這張牌原始的意思，是在描繪一個鬆散的畫面：陽光灑落房間，筆記寫到一半、行李整理到一半、書也讀到一半、桌上禮物拆開，包裝都還沒丟，人不知道跑去哪了。貓咪占據主人離開後的空間，慵懶地睡午覺。

牌義的正向解讀是：不要太有壓力，隨興所至的做事無妨，先照顧內心的舒坦最重要的「自在」。負向解讀則是當過度使用這種能量，會導致做事不斷分心，最後一事無成的「散漫」。

怎麼想都跟我的問題沒有關係，那到底是什麼意思？我閉上眼睛沉澱，先讓理性逐漸退去，直覺浮出水面，突然間我領悟到其中含義——啊，原來畫面中那些被翻出來的東西，代表的是我的記憶。

牌卡有時候不必用原始牌義去理解，它有可能透過畫面上的任何一個角落的物件，透露出它想回答你的訊息。我在那一瞬間領悟，那股複雜的不舒服，來自於記憶被突然拆開，就像畫面上凌亂的衣物，明明應該要摺好收進箱子，卻滿地四散在外面，一時之間不知道怎麼收拾狼狽。

而回想起來，事實的確是如此。當我在離開這段關係時，是處於蒙頭逃走的處境——因為害怕看見對方的受傷，害怕面對自己的罪惡感，害怕想起曾經有過的美好時光，我刻意逃避所有跟他有關的事物。就算不小心想起，也都會反覆提醒自己對方的缺點，避免內心軟弱回頭尋求依戀。

以為這些會被時間帶走，結果並沒有。導致這麼長時間以來，雖然分開早已是事實，我卻沒有好好處理內心的失落。直到那句「是啊」像個暗號，提醒我的潛意識「他有女朋友了，你不需要再基於內疚壓抑記憶了」，在猝不及防的瞬間，行李箱繃開，炸出了原本胡亂塞的一切。

那滿地的凌亂包括，當時沒有真正開始，所以不知道怎麼說再見的懸念。因為忙著逃離，很多情緒沒有好好被收拾的慌亂。也包括我終於敢想起，我們曾經是很開心的，他真心誠意對我好過，我也曾經期待彼此有未來；他曾經把我當成很在乎的人，我也對他有過依戀和愛。

失去本來就該被哀悼，無論那個失去是主動還是被動選擇。現在過得更好還是不好，都無關緊要。它都是從擁有的安全感中剝奪了一塊，那都是傷。

好比我對童年的房子，一直都有股複雜的愁緒。即使當初我們全家是主動選擇搬離，現在的生活品質也提高好幾個檔次，誰都沒有打算搬回去。但想起那間房子後來到別人手上，心裡還是會隱約疼痛與失落。現在過得好，只能說比較沒那麼痛，以及可以在疼痛時慰藉自己，卻無法一筆勾銷某個時期，被剝奪依戀感所造成的傷。

而我知道，要療癒失去的傷，必須要好好感謝、好好道別。唯有毫不逃離的正視好與壞，才有機會完整地放下。

我翻開日記本，開頭寫下他的名字，那是一封帶著感謝的道別信。我說，很抱歉那時候的我，只懂得用這種方式淡出關係，甚至刻意迴避跟你有關的事，因為想起你，會讓我充滿罪惡感。不知道你在離開我之後，過得好不好？你困擾的事情解決了嗎？還在做原本的工作嗎？和家人還會吵吵鬧鬧嗎？現在的我過著和當時很不一樣的生活，也希望你帶著我的祝福，不管和誰在一起，遇到什麼事，人生都能夠幸福圓滿。

這封信其實不會寄出，也不會有任何人看到全文，但是對於梳理心中的失落，起了非常大的作用。因為這是從分離之後，我第一次鼓起勇氣直視這段感情，好的壞的，快樂的失望的，我都沒有偏頗，然後鄭重地，對這段沒有結果的感情說再見。

我擱下筆，在心中默默為這段關係，畫下一個久遠之後才完成的句點。他會遠遠地帶著我的祝福活下去。也許此生不會再見面，最好的結果是彼此遺忘，但我也會好好照顧自己，因為那也是我唯一能為這段關係做的。

摸摸胸口，那股憂鬱與失落，已經在過程中煙消雲散。在這麼久之後，我終於放下一段沒有開始的關係。

情緒光影卡練習時間

你也有「明明不想回去，但回憶時又覺得內心很惆悵」的經驗嗎？試著洗牌之後，默念：「爲什麼我明明不想回去○○○，但想到又覺得難過？」抽一張牌，分析內心眞正的原因。

如果不確定答案，也可以來一次遲來的告別——寫一封信，不用寄出，因爲這和對方無關，而是屬於我們自己一場儀式，來爲這段無緣的關係畫下句點。

女人最大的困境，是自己綁住自己

跟一群部落客朋友聊天，我們清一色是年紀相仿的女性，頻率和職業都相近，也因此很容易聊到心坎裡。

話題突然有人帶到，覺得結束一段關係後，好像世界瞬間全開，原本一眼能望到盡頭的人生，突然變得無限可能，每天都充滿蓬勃的朝氣和挑戰，好久沒活得這麼痛快。

「我現在都在想，以前到底為什麼要設限自己，覺得我這個不行、那個不會？根本沒有人限制我，我卻把自己愈活愈小！」

我百分之百能感同身受，因為我也有完全相同的經歷。曾經在結束某一段感情之後，雖然還是會傷心，但突然像被放出籠的鳥，做事不用再考慮另一個人，不用再圍繞著對方規劃生命，想去哪就去哪，想做什麼就去做，人生不再是單行道，簡直美妙得發狂。

這種迸發活躍的氣場極為特殊，導致那段時間就算只是單純走在路上，穿得很普通又戴口罩，還是會引來不少擦身而過的路人回頭多看我一眼。或者只是在咖啡廳坐著，都會有人眼光不由自主地飄向我這邊，充滿了好奇與興趣，包括很好看的異性——而我也會一改以前裝沒事或害羞的個性，好好對上他的眼神，露出自信的微笑。

很多人聽到這種「耶！自由了！」的宣言，都會以為原本的伴侶很控制狂、很管束我們。其實弔詭的是正好相反，我們伴侶在交往時完全不管，大至人生規劃、小至平常吃什麼要去哪，統統不會阻止，而是自然地說「好啊」。

那就奇怪了，困住我們的到底是什麼？一旦進入關係，原本很敢衝、很敢拚的獨立女子，常常都會自己開始收斂，無意識繞著對方轉。以我自己來說，原本我是很喜歡一個人旅行的人，更習慣說走就走。但在關係裡很容易會多想「這麼遠的地方，他有空一起去嗎？」「如果我自己去，他會不會覺得我丟下他？」「出去這麼多天，放假都沒人陪他好可憐」「就算他有空也想跟，但他好像不喜歡這種行程，還是算了」，而自己就打退堂鼓。

有人說，兩個人在一起，本來就是會互相考量，這不是很正常嗎？當然，合理的考量絕對是必要的，但妙就妙在認真自問：「如果我真的想去，對方會阻止我或表達不滿嗎？」明明我也知道，其實根本不會。

我又問自己：「那我是真的想去嗎？」這個問題反而讓我遲疑了幾秒，這才意識到，其實我根本沒思考過我「想不想去」，而是直接拿「伴侶可能不喜歡」或「這會改變和伴侶的生活軌跡」，而直接放棄可能性。

為什麼原本獨立又勇敢的個性，會變成沒問過自己，就選擇放棄？一群感情和社會經驗豐富的女子七嘴八舌地討論，發現真正的禍首是「好女人的社會框架」。

一旦進入關係之後，潛意識就會認為「不能當個自私的人」、「好女友／好太太應該要這樣」，而不自覺地一直考慮對方、換位思考，導致任何時候只要把自己的重要性放第一位，馬上就會自責「我怎麼可以這樣」。而當我們自我犧牲，配合伴侶的意願時，又會覺得「我好棒，我真是個好女友／好太太」，其實對方可能根本沒要求，也根本不需要，我們只是犧牲給自己看。

結果一段穩定的關係，卻讓我們愈活愈限縮、愈活愈膽小，對方如果剛好也是個不改變的人，我們就會一直陪著無聊下去。

沒有人困住我們，是我們選擇困住自己。

但除了「社會框架」以外，我們也需要思考自己的內心——因為框架是一回事，內心多半也有什麼課題，我們才無意識地選擇背負這個框架，於是我問了情緒光影卡：「我內心有什麼課題，才會讓我在關係中愈活愈膽小？」抽出的牌，是「祝福／擔憂」。

這張牌的畫面是，一個女孩低頭祈禱著，胸口有個鎖鏈，繫著遠方振翅高飛的蝴蝶。蝴蝶色彩斑斕，意味著飛向好的發展或開心的心情。鎖鏈的鑰匙掛在女孩手上，暗喻如果願意的話，其實自己是有能力解開束縛的。

這張牌的正向含義是，我們有時候會因為在乎，心繫著一個人的安危，但如果我們不是用鎖鏈困住他的自由，而是因為彼此深刻的連結，而願意默默給予祝福，甚至解開胸口的鎖鏈，讓他去闖蕩，這就是正向的「祝福」。

反之，如果只是因為不放心，而用鎖鏈困住他，等於也困住自己，雙方都因為恐懼和牽絆無法自由，那就是負向的「擔憂」。

我在看到這張牌的時候，覺得畫面意味悠遠。原本「蝴蝶」象徵「我們擔心的那個人」，「女孩」是「我們自己」——但未嘗不可解讀成，兩個都是我，是我困住了「想飛的自己」？

我一方面很想闖蕩、很想飛，但一方面又因為關係讓我活得舒適穩定，而害怕自己飛。於是我把「我不能飛」的原因推到伴侶身上，讓對方背負這個責任，我只是配合他的好女友，我這麼照顧他的心情，我好棒好偉大。這種「穩定久了害怕改變」的慣性，才是我無意識把「好女人框架」綑在身上的主因，但說穿了，自己才要負起最大的責任。

「穩定久了害怕改變」其實很正常，這幾乎可以說是種在基因裡的生物本能。但是這張「祝福／擔憂」的延伸思考文字，恰好提供了解套的辦法：

我們常常分不清健康「惦念」和負面的「擔憂」有什麼區別，其實「惦念」可以是愛的一種形式，那種愛是允許對方飛翔，甚至接受對方跌跌撞撞，我們只給予祝福，在原地耐心守候。「擔憂」則是難以處理自己的焦慮，不斷地耳提面命、控制事情發展，卻讓我們的心被鎖住了。

簡單來說，帶著祝福的「惦念」讓我想到《舞伎家的料理人》裡，那個安靜慈祥的青森奶奶。她一定是想念又深愛兩個孩子的，卻從沒有過度的叮嚀或攔阻，而是一直遠遠地守著，微笑讀著兩個到京都闖蕩的女孩的明信片。

如果我想讓自己飛，就得學會對自己「祝福」。

我跟自己說，沒關係的，我知道安穩久了要飛，內心一定會怕。但是如果你真的想去，我會用百分之百的能力為你準備、排除一切困難、也對你送上祝福。但前提是，你一定要對自己誠實，而不是把不敢飛的責任推到別人身上，是把決定權拿回自己手裡。

當我願意先當自己的支持，「社會框架」就不再起作用。如果哪天又綑住了自己，我會再循同樣的路，幫自己鬆綁一次。

掙脫社會框架不容易，鬆綁課題更需要靠清明。而清明，就是一次次地升起覺察。

祝福我們在關係裡都愈活愈自由。

情緒光影卡練習時間

你身上也有「好男人／好女人」框架嗎？試著寫下自己身上有哪些「社會覺得你應該」的行為（例如：男人就該養家、女人就當主要照顧者），並仔細思考，有多少是別人要求的、有多少是自己放不下包袱？

即使是別人要求，往往也是我們無意識「認同」這個框架，才勉強自己就範。抽一張情緒光影卡，看看我們自己綁住自己，眞正深層的原因是什麼？

那一天，我終於知道為什麼想念

我又夢到父親了。

他過世至今已近十年，這也不是我第一次夢到，卻是第一次夢得這麼真切。

夢中的我在舊家門口的巷子裡走路，和一位國中同學擦身而過。我因為和他久未聯絡，懶得花時間客套交談，而假裝趕時間匆匆往前走。巷口右轉再左轉，就是我小時候和很多童年玩伴嬉戲追逐，騎腳踏車的一塊水泥空地。圍牆還和以前一樣矮小傾頹，猛然地撞見父親站在牆垣，和小時候記憶一樣精實瘦削，滿頭黑髮，穿著汗衫笑著看著我。

我呆立在原地，夢中的我知道他已經過世了，不知道為什麼他還會如此清晰地佇立在我面前。但不管我看到的是什麼，反射性地就拿起手機想拍下來，但隔著螢幕看見父親別過頭去，甚至愈走愈遠，我於是放下手機追著他消失的背影，像小孩一樣大哭起來。

醒來發現自己哭到差點斷氣，每次夢到父親都會這樣。

父親過世的時候我已成年，當時還處於整天想脫離家裡往外跑的年紀，加上世代價值觀難免有落差，平常絕對稱不上是無話不談。我也因為早年個性冷硬，沒有什麼撒嬌的經驗，我知道他是愛我的，但父女關係只能說是友善而疏離。

但是生離死別就是這樣，無論你覺得在對方過世前自己多麼盡力了，在往後的幾十年，活著的人還是永遠覺得自己沒做好，還是有懊悔和遺憾。也因為無法彌補了，遺憾就成了心裡永遠的傷，也許大部分的時候已經釋懷了，但是無意間又觸碰到的時候，才發現自己好像從來沒有走出來。

由於這次的夢境太清晰，醒來以後我一邊大力喘著氣，一邊抹著眼淚想著，為什麼我又做了這樣的夢？為什麼我每次夢到總是這麼傷心，為什麼好像永遠走不出來？我想不透，乾脆問牌卡好了。順手拿過牌卡一抽，翻開來是「回溯問題／反芻情緒」。

雖然眼淚還掛在臉上，但忍不住笑了。到底還有哪張牌比這張更接近我的狀態，我還真想不到。

沒錯，畫面中坐在沙發上，一邊回想著過去，一邊撥弄舊傷的女孩就是我。明明現在已經沒事了，偏偏還是一直在反芻多年前的創傷，沒辦法走出來。但我還是有疑惑——我並不是主動去回想，而是潛意識翻出來，透過夢境提醒我，這又是為什麼呢？

我又抽了一張，是「防禦／帶刺」。

這張牌讓我有點意外，於是我感受一下：「我是這個畫面裡的誰呢？」下一刻直覺聯想到，我就是畫面中那個全身帶刺、和別人保持距離的人。

這張牌的本意是在說，當環境讓我們感到不安全，就容易用防禦的氣場去面對，給人「我不好惹」的印象，用敵對的心態面對可能並無惡意的他人。

我突然頓悟，對耶，這真的是我平常面對世界的方式。因為心裡沒有什麼安全感，都市人又常常冷漠而疏離，所以我對外人常常是有防衛心的。雖然表面上會用客套的言詞修飾，但實際上我清楚，自己內心就是用這種帶刺的氣場，避免別人占我便宜、看不起我、藉機欺負我。

但一個人如果這樣對外面的世界，內心一定會很寂寞——因為我們心底，還是渴望有人能讓我們無條件信任，可以讓我們交付親密、展現脆弱和依戀。

於是這份被壓抑的渴望，就開始投射在不同地方，例如寵物（推測這也是貓貓狗狗影片這麼受歡迎的原因，那是現代人少數能放心託付親密，而不怕被傷害的對象）、例如伴侶（現代人常常沒什麼朋友，卻會把所有對親密和信任的渴望重押在一位伴侶身上，戀愛愈談愈沉重）。

而我在夢境中，是渴望回到父親無條件疼愛的懷抱。回想起來，我的夢境也確實符合這個邏輯。夢的一開頭，不正是在路上遇到同學嗎？我卻反射性地假裝不認識，低頭匆匆走過，一點也不想建立連結，這就是我平常冷淡面對世界的寫照。但是轉角我一看到父親，除了因為很怕以後看不到他而想趕快拍下來以外，他一轉身我就像小孩一樣追著大哭，就是平常寂寞而疏離的心，難得找到可以信任的人，急著想討一份溫暖。

而更神奇的來了。在做這個夢之前，我剛好因為一些作品的啟發，意識到「這個世界其實好人很多」，練習主動給出一些溫暖，也收到很多友善的回饋。剛好父親也是一個很善良，很喜歡交朋友的人——雖然以前我總覺得，他的老好人個性常常造成自己吃虧，甚至被貪婪的人傷害，根本沒什麼好。但是撇除這個部分，我相信他和人交流時是充滿信任而快樂的。

我無意識為了不要像他一樣，而變成一個冷漠難相處的人，但其實我損失的更多。

我想，會時不時夢到父親，而且每次都哭得唏哩嘩啦，除了思念與遺憾以外，很大一部分是寂寞，是想念那種被無條件愛著的感覺？

而比往常更清晰地夢到父親，或許是要讓我知道，如果我能慢慢像他一樣，拾回對人的溫暖與信任——不需要百分之百相同，而是用更健康的方式，一邊保護自己，一邊也願意信任這個世界有很多好人，那我的潛意識就不會這麼寂寞。到時候，或許我就不會再哭著夢到他了吧？

而如果我能這樣活著，平常內心就會充滿溫暖，寂寞也不再復存，同時和父親的連結也會更深——因為我重新接受自己身上有他的一部分，並且願意將這一部分活出來。

這個時候，父親將會透過我，繼續愛著世界；我也在過程中整合了自己，也圓滿了對父親的思念。

情緒光影卡練習時間

如果你心中也有經常夢到，或是不知爲什麼常常思念的人或地方，也許有個原因，是他代表著我們內心想整合的遺憾。

洗牌的時候，詢問情緒光影卡「爲什麼我經常夢到○○○，這是要提醒我什麼？」抽一張牌，看看牌卡有什麼訊息。

許多時候夢中的人，不見得代表當事人本身，而是一個「象徵」。試著跳脫出來看看，夢境想透過這個代表，告訴你什麼生活中的訊息？

牌卡可以用來猜別人的心思嗎？

我知道很多人喜歡用牌卡來問：「他到底愛不愛我？」、「曖昧期想知道他到底對我有沒有意思？」、「他對我忽冷忽熱是不是感情淡了？」這種接近讀心的功能。

在我的經驗裡，牌卡當然做得到，但我不是很鼓勵這樣用，為什麼？第一是人類本質有惰性，翻牌就知道答案，也不會想磨練重要的溝通技巧。可是對方相處心不在焉，不是應該要抽牌問「他還愛不愛我」，而是找適當的時間坐下來，好好聊聊「我們可以怎麼提升相處品質？」

第二個是患得患失，一直去問牌卡他還愛不愛我，只會離自我覺察的路更遠。這時更好的用牌方式不是「猜心」，而是問牌卡「為什麼現在的我，會對於他的一舉一動這麼焦慮？」

不過有一種時候例外，而這個例外也對於瓦解心結非常好用，那就是——「當你不可能知道答案，也無法透過溝通獲得真相」時，透過牌卡知道對方真正的想法，對於處理課題極度有幫助。

有一位讀者的故事，就是一個最好的例子。他說他一直無法理解，為什麼同事好像都不太喜歡他。明明自己工作能力不錯，同事有需要他也都會幫忙，但卻可以明顯感覺到被排擠，例如有最新資料會故意忘記給他，或是他需要協助的時候同事會拖拖拉拉，有時還只做一半，最後他氣不過還是搶回來自己做。

但他沒有考慮離職，因為那份工作薪水很好，也是他的興趣——而且弔詭的是，他想起自己好像在之前的公司也遇到同樣的事，明明覺得自己無懈可擊，但同事就是會跟他保持略帶敵意的距離。

「以前我都會孤傲的想說，算了，反正我就做好我的工作，你們愛怎麼樣隨便你。」但開始培養覺察的習慣後，他意識到自己其實卡了一根刺在心裡，說是「專注在工作」只是逃避，碰到同事的軟釘子還是會很生氣。

他一方面很想處理，一方面又不知道怎麼辦，總不可能去問同事「你們為什麼要排擠我」，想也知道對方一定會否認。剛好他也有報名我為情緒光影卡錄的線上課，課程中我提到「可以用牌卡去看看對方真正的意思是什麼」，於是靈機一動，拿起牌卡問了一個問題：「這些排擠我的同事到底在想什麼？」

結果一翻，是「堅持／苦撐」。

「我第一時間很疑惑，這張牌到底和那些同事有什麼關係？」但他看到畫面中抓著講牌的人，一臉憋氣憋得很痛苦的樣子，腦中突然想起一位同事曾經有點挖苦地說道：「你好像看起來都沒什麼壓力。」

當時他以為是客套話沒放在心上，因為他知道自己多辛苦，只是習慣把苦往肚子裡吞，但實際上連家人都以為他工作很輕鬆，一天到晚在臉書拍美食照打卡，看不出來是在出名高壓過勞的百大企業裡工作。

那一瞬間他恍然大悟。如果連家人都這樣認為，他在那些同事面前，也真的就是看起來很輕鬆、沒什麼壓力的樣子，難怪同事會排擠他。因為他們企業非常競爭，光是要進來，就得先頂著一流學府的光環，再經過層層過關斬將的面試，每年也都會考核，刷掉表現不夠突出的員工，只留下真正的菁英。

在這樣競爭激烈的環境，一個看起來好像很輕鬆、一天到晚去吃喝玩樂的「異類」，本來就容易引起周遭的敵意——因為別人看起來沒壓力，自己卻要拚命努力，好像就是在說我能力不夠，自然有意無意地就想踩一下，讓自己受挫的自尊心平復一點。

「我看到牌卡之後，心裡就覺得好過很多。同時這也讓我反省，明明我也跟他們一樣辛苦，但為什麼我卻刻意要表現出很輕鬆、不在乎的樣子，結果他們被刺激、我也不開心？」

「我後來發現，其實自己也跟牌上的人一樣，都是在苦撐的人，只是我為了不想被看扁，才刻意裝出一副很輕鬆的樣子。就像我小時候，明明偷偷念書念到凌晨兩點，隔天考一百分，還跟人家說我都沒念書一樣，我是害怕那些優秀的人覺得我沒什麼，才用這種偽裝來保護自己。」

他還自我解嘲說，難怪小時候他人緣也不好，以前都認為是別人嫉妒他功課好，現在他意識到心底那股「害怕平庸」的自卑，其實和別人沒兩樣。而自己無意識用這股自卑來對抗外界，才導致別人的反感。

雖然第一時間他還沒辦法馬上改變，同事也依舊對他冷冰冰，但心底多了一份釋懷，就讓他日子好過得多。

「我現在也會開始練習，不要刻意表現得好像很輕鬆。真的有東西不懂我就允許自己問人，然後稱讚對方幫我很大的忙。他們有時候反而會不好意思，對我的態度也比之前好一點了。」

我聽完忍不住想，真是雙贏呢，能夠調整得這麼快，真不愧是優等生。

同時我也發現牌卡的另一個好處——有些細瑣的問題，我們會認為沒這麼嚴重，一直擺著沒去正視。又或是像這位讀者一樣，要主動找人談被同事排擠的問題，會覺得自己小題大作，難以啟齒。

但這些問題真的不重要嗎？很多事雖然是小事，但一根一根加起來，有一天也是會成為壓垮駱駝的稻草。但是透過一副牌卡、一段沉靜的時間、和一顆願意面對的心，這些「看似不重要，卻一點一滴壓住生命」的小事，也得到了釋放的機會，生命也跟著輕盈起來。

情緒光影卡練習時間

大部分的人，生命裡都有「雖然不舒服，但放一陣子忘記就算了」的小問題——就像身體健康一樣，認爲偶爾頭痛、偶爾睡不好，都是「小毛病」，不用大費周章去處理，放著讓它過去就算了。

但如果我們同意，這些「小毛病」累積久了也會成爲大問題，或就算不變成大問題，一點一滴的耗損也是一種慢性折磨，那麼「心理」也是一樣，再小的事，只要讓我們不舒服，背後還是有值得看見的議題。

你日常生活中，也有這樣的「小問題」嗎？例如：爲什麼害怕別人大聲講話？爲什麼看到女生裝可愛就會生氣？爲什麼每次都不好意思說自己想要什麼？爲什麼只要我約聚會沒約成，就會低落好幾天，覺得大家一定討厭我？試著不要讓它「過去就算了」、「努力忘記不要去想」、「逼自己當個成熟的人」，抽張牌卡看看，或許背後有什麼值得梳理的議題哦！

過度依附，是因為沒有長出根

拖了很久，終於把傳說中的神劇《良善之地》第四季看完了。

必須說第一季讓我很激賞，第三季開始有點拖戲和不合理的地方，不過第四季結尾我喜歡，整體來說還是很有啟發性的一部劇。

其中可以探討的地方太多了，裡面隱含著輪迴、善惡與人性的探討，寫好幾篇都不夠。不過在不暴雷的情況下，倒是想聊聊最後一集啟發我反思的段落。

最後一集，某位角色說他知道時候到了，要平靜地離開這個地方，意思就是進入永恆的死亡與昇華。他的伴侶非常激動的說，你怎麼可以丟下我？不斷懇求他不要離開，因為自己一直都覺得很孤單，需要有人陪伴，拜託他不要走。

《良善之地》大部分的情節都很搞笑，這一段少見的讓我內心刺痛起來，我知道有某個課題被勾動了——對啊，因為我也是個很孤單的人，如果一個人在永恆的時空中和我相戀這麼久，卻要永遠離開我身邊，我要怎麼接受這個巨大的失落？一定也是拚了命地想抓住和挽留。

但我同時想到一件弔詭的事：不用說在永恆的時空了，光是短短三十幾年，我就有不知道多少次，覺得某個人是我人生中重要的一部分，如果失去他，會在我生命中挖出一個巨大的缺口，未來不知道要怎麼過。

但再怎麼執著，每次都抵不過緣分耗盡的那一刻。走過撕心裂肺的分手，療傷，之後又遇見新對象，每每多年後再回想起來，那些我曾經說出「沒有你我要怎麼辦」的人，事後發現「其實沒有了也不會怎麼樣」。但我有因此變得豁達嗎？沒有，面對當下交往的對象，我又會覺得「天啊我不能失去你，你太重要了，沒有你我會垮掉」。

忍不住覺得好笑。

有人可能會覺得，愛情不就是這樣？愛的時候當然會覺得一天沒有你不行，不愛的時候死生不復相見都無所謂。

但我並不喜歡用「愛情不就是這樣」來解釋一切，尤其這個課題如鬼魅般糾纏我。甚至剛看完《良善之地》那幾天，半夜偶然想起那段劇情，胸口還湧起一股酸楚，一邊默默流淚難過到睡不著。

我覺得背後一定有什麼，但那到底是「什麼」？我想讓牌卡幫助我探索，但這次不是用抽的，而是一張一張地看，找出一張讓我有感覺得牌，幫助梳理。最後讓我很有感的，是「支持／依附」這張。畫面是一個根不穩定而搖搖欲墜的樹，被柱子有力的支持才維持站立。原始牌義的正面的解讀是，一個人的脆弱被適當「支持」，就能夠繼續穩定成長，最後成為強壯獨立的個體。負面解讀則是，如果過度依賴外在扛住自己，根系永遠不會健壯，那這樣就只是虛弱的「依附」而已。

為什麼選這張？因為它讓我聯想到，我對愛情的態度就是這樣——之所以會這麼恐懼「一直陪伴自己的伴侶突然抽離」，是因為我活生生就像這棵失根的樹，而伴侶就是被我當成支持的柱子。

當對方在我身邊的時候，內心的寂寞感會暫時消失。當對方還愛我的時候，低落的自我價值落就受到暫時填補。甚至對未來的不確定，也因為有個人可以寄託，能暫時逃避不去想。

但我在過程中，並沒有長出根來穩定自己，而我的潛意識是知道這一點的。因此我非常恐懼對方一旦離開，就會像支持搖搖欲墜大樹的柱子忽然抽掉，變成一個連根拔起，癱在地上什麼都不是的人——這也讓我在關係中，無意識地會過度討好、不敢讓對方生氣，因為生怕自己沒有顧好這根「柱子」，自己會面臨精神的重大死亡。

我活出的是負面的「依附」，而且愈活愈脆弱，甚至成為典型的「焦慮型依附者」。雖然接觸身心靈之後，開始練習把注意力留在自己身上，澆灌出自己的根，已經比之前穩定很多，但「相愛多年的人丟下我永遠離開」，還是激發了我最底層的恐懼。

這是一個很有趣的看見。我不會怪自己「怎麼還沒療癒好，還是這麼脆弱？」而是意識到「啊，原來我現在會覺得很穩定，是因為伴侶支持著我啊！真的很感謝他。」然後提醒自己更有意識地，好好把根養出來。

想必許多也跟我一樣對感情焦慮的人，會想接著追問：那「根」是什麼？要怎麼養？這是一個相當龐大又深層的問題。簡單來說，養根，是培養「自我照料、自我接納」的能力。而「根」的確不好養，「依附」相對容易，但真正養出根的人，在關係中愉快和自由的時刻很多，也能和對方彼此支持。

在「根」健全的情況下，遇到和愛的人分離當然也會哀悼，但不至於到被摧毀的程度，因為已經能夠穩住自己、輸送給自己最好的養分。

而這樣的關係，恰恰好又是情感焦慮的人最想要的——我願意為了自己和我愛的人，走上這條「長根」的道路。

情緒光影卡練習時間

很多人都有追劇追到心情不好，腦中不斷反芻某段情節的經驗。當然安慰自己「這只是戲，不要太認眞」，久了確實就會忘了，不算造成困擾。但透過無法忘懷的片段，覺察自己被勾起什麼議題，也是一個寶貴的經驗。下次遇到這樣的事情，可以抽牌問問「爲什麼我會對某段劇情反應這麼大？」或是像文章中的方法，挑選一張最有感覺的牌，再用這張牌做延伸思考，或許能找出意料之外的盲點哦。

愛「唱反調」的背後，藏著無法面對的寂寞

有一段時間，我對一段「友情」感到很困惑。會特地加個引號，是因為我並不認為我們是朋友。或者更精確地來說，是因為經常感覺他對我不友善，所以不認為他有把我當朋友。

所謂的不友善，倒不是真的對我做了什麼壞事，還是口出惡言。但那根根的刺，是在有意無意的對談間夾帶著，乍聽沒什麼大錯，吞下去又隱微地扎人。

比方說一次最普通的對話，他提到最近會自己做菜帶便當。我說很好啊，這樣很健康。他說也沒多健康，他們公司還有賣更健康的水煮便當呢！那至少比較省吧？我接話。他翻了個白眼說說其實也還好，有時候好一點的食材也

不便宜。好吧，那問為什麼自己做菜呢？他撇撇嘴說反正閒著也沒事啊，下班不知道要幹嘛，就想說來煮個飯好了。我附和說對啊我也覺得做菜挺好的，切切煮煮的過程很療癒，他又會打斷我的話說，不是啊，我下班以後根本沒多少時間，煮完以後還要收，而且假日還要早起買菜，哪裡好了。

類似這樣的對話，每次交談都會重複無數遍。幾次下來之後，我才意識到他講什麼根本不重要，你回什麼也不重要，反正只要講了任何一句話，他回答你時百分之百會站在對立面。有時候因為懶得辯論，乾脆等他先說，之後附和他的立場就好，無論他說什麼都大讚「你說得對」，但依舊沒用。他聽了會皺皺眉頭，回頂一句「話也不是這麼說的」，接著搬出另一套立場，還和剛剛說的完全自相矛盾。

基本上多次話不投機之後，人不會認為對方有把你當朋友，否則也太「自我感覺良好」。但神奇的來了，即使我完全不主動聯絡對方，這個「朋友」每隔一段時間還會來約吃飯，有時出差經過我家附近，還會臨時敲我說「在幹嘛？約一下啊！」積極把我拉出來喝個下午茶，看起來完全不像厭惡的樣子。

因為和對方有一些共同朋友，不方便真正斷交，幾次邀約之下我還是去了。但是每回相處下來，依然還是感受到那份「為反對而反對」的對話模式，直到最近一次身心俱疲地回家，當晚還報復性地大吃一頓洩憤，我終於想到要好好處理這個議題——為什麼他老是要用這種方式跟我互動？為什麼我每次都被搞得這麼疲憊？以及如果還有下次，我要怎麼應付才好？

我先抽了第一張，結果是「支持／依附」。畫面中是一棵傾頹的樹，被支架支撐著，勉強活著的樣子。我端詳著牌卡，思忖著樹和支架之間的關係，下一秒突然感受到，其實那個「支架」就是我，我在自己沒意識到的時候，把對方的責任扛到自己身上。

我一直以為自己只是個無辜的受害者，每次都要忍受朋友的唱反調。但我沒看見的是，潛意識裡我有太多「幫」他的意念——因為從平常的對話裡，知道他日子過得不好，所以聊天時下意識就想分享一些心靈話題、或說點好話讓他開心，連稱讚他的時候，背後都有隱微想「讓他心情變好」的意圖。

先不管對方實際上需不需要，這種「把讓對方快樂當成自己責任」的意念，就會在對方不斷反駁、也一直快樂不起來的時候，認定「一定是我做得不夠好，不然他怎麼都好不起來」而沮喪，甚至自我厭棄到需要大吃洩憤的程度。

覺察到這一點之後，我大大鬆了一口氣，提醒自己以後要先放掉這種「扛別人情緒」的習性，才不會連帶被拖下水。但同時也很好奇，如果朋友其實很討厭我，更不喜歡我「幫」他，那他何必一天到晚來約吃飯，時不時又要敲我聊天？

我再看了同一張牌卡，這次注意到那棵樹，突然心裡有一個領悟——這棵傾頹的樹，其實是真的需要支架的，但又不想承認自己需要，因為那代表自己很脆弱。就像朋友其實過得不太好，他也是真的需要別人陪伴，但又不想承認自己很沒用，所以他無意識地又要找人聊天，又一邊要戳得對方不舒服。

很匪夷所思嗎？不，我完全理解，因為我回想起來，自己就曾經當過這樣的人。

多年前我人生也遇到一段低潮，感情和工作都不順，當時還沒接觸身心靈療癒，不知道該怎麼救自己。那時候我很喜歡找身邊一兩位朋友聊天——他們剛好也都是會陪我、順著我話說的人。現在想想，他們大概就像現在的我一樣，不知道該怎麼幫忙，所以盡可能附和我，希望我開心一點吧。

其實我心裡是很依賴他們的，但每次見面時我都在抱怨，甚至還會挖苦一些我認為是他們缺點的地方，來證明自己也過得不差。朋友雖然好脾氣的打哈哈，但久而久之我也感受得到，都是我在約，他們大概五次才會出來一次，或許他們當時也很困惑：「你每次都這麼不友善，到底為什麼還要一直約我？」

現在我知道了，當時的我真的很寂寞，很需要別人陪，但又看不起自己這麼脆弱，所以行為上索取陪伴，嘴裡又不饒人。我潛意識以為這樣做，可以為自己掙回一些尊嚴，但實際上卻把身邊的人推得更遠了。而或許現在的朋友也是這個原因，才會講話愛唱反調，字字帶刺，卻又一直樂此不疲地約人見面吧？

人生有時候很奧妙，我們常常會在現在的課題裡，看到以前的自己，也因為這樣，視角也會更加廣闊，也會鍛鍊出一份彈性。

如果下次又遇到朋友，我有什麼更好的做法呢？針對這個問題我又抽了一張，是「享受／耽溺」，牌面上是兩個人在跳探戈，閉著眼睛享受美酒與音樂的樣子，原始的牌義有「享受精神的愉悅」的意思。

我的領悟是，這張牌要提醒我，別把兩人的互動想得這麼嚴肅。以前每次朋友來，不管有意無意，我都覺得要「幫上忙」，所以會太認真回答他的問題，也太認真解讀他每一句回嘴。或許下次，我把注意力放在「開心就好」——不是討對方開心，而是自己開心，不要太認真回答每個問題，遇到反駁就耳邊風，笑笑就好，保持好心情最重要。

這樣不管對方有沒有改變，我都至少維持了自己的快樂。更有可能的是，當我放鬆和開心了，那樣的頻率也能讓對方無意識放鬆下來，不再用唱反調來保護尊嚴，而這才是真正的，最不費力的「幫上忙」。

情緒光影卡練習時間

在我們脆弱的時候，會想要尋求陪伴，是很正常的事。但如何覺察自己是健康的尋求「支持」，還是過度「依附」他人呢？

找出「支持／依附」這張牌卡，觀察畫面上搖搖欲墜的樹、上面的寄生植物、撐住樹的支架、一半扎在土裡的根，甚至陽光。

寫下這個圖像給你的直覺：如果我是這棵樹，那支撐我的支架、給我力量的人事物是誰？我可以怎麼樣感謝和增強這些支持？吸附我能量的寄生植物，又代表著哪些人事物？我可以怎麼樣減輕這些影響？如果可以讓自己的根更穩固，我還可以做哪些事？盡可能地聯想書寫，透過這份覺察，將自己生命中的「依附」，轉化爲健康的「支持」吧！

別當個「理所當然」的金錢戀人

〈金錢戀愛課〉是我開設過的一堂很受歡迎的課程。起源是我曾經寫過為期兩年的〈金錢戀愛學〉專欄，把「和金錢相處」比擬為「和戀人相處」。因為從身心靈的視角，金錢不只是能量，更是一種「關係」。而用經營感情的方式，去好好覺察這種我們極為渴求、卻有總是捉摸不透的關係，就是「金錢戀愛學」。

這個專欄、以及同系列的Podcast節目都相當熱門。許多讀者在我的文章裡，看到我會用牌卡來探索自己和金錢的關係，也很好奇到底是怎麼操作的，於是〈金錢戀愛課〉應運而生。在小班制的沙龍課上，會教同學們如何操作一個完整的牌陣，探索自己和金錢的關係議題。

要開發一個正式牌陣，當然得先拿自己實驗。我先從整副牌卡裡，挑出一張「我認為自己和金錢的關係」是怎麼樣，一張一張看下來，最後選了「完整／不完美」。這張牌的圖像是一個由拼圖組成的人影，拼圖裡有好的畫面，例如贏得獎盃、溫暖擁抱等等；也有壞的畫面，例如爭吵、關係破裂等等。

選這張代表自己和金錢的關係，是因為我認為「金錢」是我平等的夥伴，彼此相伴，經歷了好好壞壞，才成為一個完整的樣貌——不會排拒壞的面向、只看好的面向，因為這就是健康的「關係」該有的樣貌。

但這只是「我自己認為」，實際上是怎麼樣呢？牌卡之所以有趣，就在於它能揭露我們沒看見的盲點。我接下來問牌卡：「實際上我和金錢的關係是怎麼樣呢？」，抽到的牌卻是「威嚴／威權」——一個高高在上坐在王座的國王，下面有一群人民在膜拜，還有一群人忙著修補王座地基，像是要鞏固搖搖欲墜的權威一般。

第一眼看到覺得也太打臉，我自己以為和金錢的關係是「平起平坐」，實際上卻是「高高在上」嗎？透過其他張牌一連串的輔助探索，我赫然發現這真的是事實。平常日子能過得順遂幸福，是因為金錢一直在我看不見的地方支持我，而我卻覺得這一切都理所當然，而沒有抱持感謝。

如果用戀愛來比喻，就是我自己以為在關係中很幸福，對伴侶也好也很平等，但實際上是對方默默扛起了很多瑣碎日常：煮飯、洗碗、付帳單、補衛生紙、隨傳隨到接住我的需求。而我卻沒注意到這些點點滴滴，還覺得日子過得好是理所當然。雖然對方目前是願意的，彼此關係也還不錯，但我卻沒意識到付出天秤的傾斜，還以為自己有平起平坐地善待對方。

意識到這個盲點之後，我好好調整自己的心態，重新審視目前的生活。而這一審視，也才發現我真的把很多事情視為理所當然——我能夠想買什麼書就買、想去旅行就去，是金錢在支持我。我不用每天進辦公室上班，在家看書寫作做自己喜歡的事，是金錢在照顧我。我能夠住在光線充足又舒適的房子裡，每天做好菜給自己吃，也是金錢在滋養我。

雖然能讓我過上這種生活原因，不見得都是直接靠花錢。有些是機緣、有些是職業型態、有些是身邊剛好有資源。但在身心靈的視角裡，「從什麼管道來」不重要，「來到你身邊滋養你」的事實才重要。這些有形無形的資源，實實在在地透過各種管道，支持我生命的許多部分，但我常常看不見這些，還覺得「不是本來就這樣嗎？」

並不是「本來就這樣」，而是我們習慣了，覺得理所當然。但金錢、物質、機運這些資源，也跟戀人一樣，其實只要緣分盡了，隨時都可以離開你。但它們現在願意待在你身邊，還是照顧你日常的每一吋幸福，這難道不需要好好被看見、好好感謝嗎？

在那之後，我對很多事情，都會有意識地抱持感激。在超市買東西的時候，心裡對錢說謝謝，它讓我能吃到新鮮的食材，身體愈來愈健康乾淨。付瑜伽學費的時候，心裡對金錢說謝謝，它讓我可以好好舒展身心，同時去支持喜歡的教室繼續營運。

甚至在為早餐煮熱水的時候，我都會真心誠意對電熱水壺投以感激的眼神。雖然煮水並不需要直接付錢，但它也是來到我身邊、照顧我舒服方便的物質啊！我可以輕輕鬆鬆去做自己的事，五分鐘後就有一杯熱茶可以喝，這的確是應該要好好感謝的。

說也神奇，當我有意識地感謝，不再把「金錢戀人」的付出視為理所當然時，很多順利的事就開始展開。倒不是說突然就賺大錢、戶頭裡莫名其妙多了一筆收入這種神蹟，而是因為看到自己的富足，並且百分之百地享受和感激時，心裡會升起很大的滋養感。

而那份滋養感，無形中推動我去開啟很多原本沒想過的事。其中有些確實帶來更多金流、有些雖然不見得跟錢有關，卻啟發我新靈感，去觸發更多豐富生命的事。而那些跟著滾雪球般出現的機運和幸福，現在回頭看看都覺得驚訝，完全不是原本的世界可以想像的。

你跟「金錢」這位戀人相處得好嗎？其實就像談戀愛一樣，每一段金錢關係也都有自己的課題，試著了解「金錢戀人」的想法，量身定做出適合的相處方式，往往比一個勁兒地苦苦賺錢還要更有效哦！

情緒光影卡練習時間

想知道自己和「金錢戀人」的相處品質嗎？可以像文章中示範的方式，先挑選一張牌卡，代表「我認為自己和金錢的關係」是怎麼樣。接著再洗牌默念：「實際上我和金錢的關係是怎麼樣？」抽一張出來，和剛剛的牌互相比對，是否和「自己認為的」有落差？如果有的話，能夠在現實生活中怎麼調整，才能改善和「金錢戀人」的關係呢？

以上是簡易的操作方法，如果想要更完整的引導，〈金錢戀愛課〉即將有線上課程，歡迎追蹤〈柚子甜剝心事〉粉絲團最新公告。

「衝動型」的金錢戀人

在〈金錢戀愛課〉上，一位同學說他花錢大手大腳，看到喜歡的東西都不會想太多，直接信用卡就刷下去。

「那你買了發現不適合會後悔嗎？」我問。

「不會耶，不適合就丟掉或送人，我再去買下一個。」他笑著調侃自己：「錢是不是很討厭我啊？我這樣好像衝動不負責任的玩咖。」

〈金錢戀愛課〉是我開設過的一門課程，課堂中教大家把「金錢關係」比擬成「戀人關係」，並透過牌卡挖掘自己和金錢的「關係課題」。課堂的第一步就是讓大家分析，自己是什麼樣的「金錢戀人」。比如說我以前連兩塊錢的影印費，都要緊張兮兮馬上掏出手機記帳，生怕無法牢牢控制每一分錢的去向，錢就會離我而去——活像害怕沒有掌握伴侶每分每秒行蹤，對方就會離開我的控制狂，這樣的我就是「控制型」的金錢戀人。

然而這位調侃自己是「不負責任的玩咖」的同學，在抽牌探索自己的狀態時，卻抽到「祝福／擔憂」。這張牌的畫面有一條明顯的鎖鏈，捆住一個祈禱的女孩的心房，另一端是意圖展翅高飛的蝴蝶。

第一時間他覺得困惑，明明自己花錢都沒在管，花了也不會後悔，為什麼卻是這種受到綑綁的圖像？其實不用說是他，我第一時間也有點驚訝，但下一秒我突然想到一個故事，馬上就把一切串起來。

我曾經遇過一位朋友，自嘲是「不想定下來的玩咖」。他說談沒有束縛的戀愛很棒啊，人天生就喜新厭舊，為什麼要做違反人性的事，他不相信婚姻、不相信永恆，活在當下才是真的。那時我還年輕，被這種觀念唬得一愣一愣，只覺得他說的時候瀟脫，但眼神和口氣裡卻又透著赤裸的疼痛，總覺得哪裡怪怪的，但又說不上來。

直到多年後再遇到，那時候我已經是心靈工作者，是朋友間慣常吐露祕密的對象。幾次見面之後才聽他偶然提起，他學生時期曾經全心全意愛過一個人，甚至動了畢業就結婚的念頭。但是對方後來背叛他，大受打擊之下，打定主意從此只相信「唯有熱戀期的愛才是真的」。

但是一旦懷著這樣的信念，接下來的戀愛當然容易觸礁，於是愈來愈加深他「衝動戀愛、隨意退出」的模式，最後甚至乾脆自貼「玩咖」標籤行走江湖。

倒不是說這種戀愛模式就鐵定行不通，得被定義為「玩咖」。但是以這個朋友的例子來說，他後來也意識到，他並不是基於「我真實地面對自己，覺得這種戀愛模式適合我、我很自在舒適，身邊的伴侶也接受」才選擇遊戲人間。而是因為傷口從來沒有離去，但又渴望戀愛的溫暖，才不知不覺走向這種極端。

極端的行為的背後，往往都會有個傷口。那個傷口就像我們的鎖鏈，而為了掙脫鎖鏈，我們又容易往相反的方向衝撞，還以為「這是我本來的樣子」。

同學聽完以後恍然大悟，接著陷入一陣沉思。

後來他跟我們分享，小時候原本過著很受寵的生活，但父母擔心他未來沒有節制，某一天起開始收斂管束他的花費，也警告他要懂得存錢。

本來出發點是好的，但是在他心中，卻造成一種「自由和寵愛被剝奪」的傷口。於是長大之後只要賺到錢，看到喜歡就會毫不考慮的買，表面上是購物，實際上是在買回「被寵愛」的感覺。

我聽了以後非常有共鳴，因為我也常常在身邊「苦過來」的長輩身上，看見這個模式。那個年代普遍家境都不太好，每個人身上都有匱乏的傷痕，傷痕在身上綑綁成鎖鏈，通常走向兩種用錢的極端——一種是非常害怕花錢，一花錢就觸發生存焦慮，所以即使花得起，也一塊錢一塊錢地計較。另一種是會帶著「我又不是花不起」的憤怒花錢，只要是現在財力能負擔、看到還算喜歡就統統掃貨，卻不考慮是不是真的適合、家裡有沒有地方放、品質好不好，因為他們買的已經不是「東西」，而是當年被虧欠的「愛與自由」。

不管是哪一種，最後都不是重點。

重點是，衝動花錢的人，買了也沒辦法真的消弭匱乏感，最後存款空空，坐困滿山雜物。不敢花錢的人忍著不買，但即使存下很多錢，卻日日如臨大敵地守著囤下來的數字。

真正跳脫金錢課題的人，不會受困在買或不買，因為這和「行為」無關，和「背後的念頭」有關。在這樣的前提下，買了，就是因為真正喜歡且需要；不買，則是因為內心沒有匱乏，乾淨俐落地放手。這樣的消費方式，本身真的花不了太多錢，生活也會維持在幸福的水位。錢多他們就過一種生活，錢少就過另一種生活。

如果我們嚮往這樣的境界，第一步，什麼都不用做，先覺察自己花錢時，背後帶著什麼「心念」就好。

一步一步地鬆綁，我們最後都能像牌卡上的這隻蝴蝶——鬆開鎖鏈之後，就能飛向想要的地方。

情緒光影卡練習時間

「購物欲」有時候一陣一陣的，一段時間很想買東西，不由自主就想「把錢趕出門」。

我們可以觀察，那一段時間買的東西，具有什麼樣的共通點？例如最近買很多衣服、化妝品，是因爲被網路上某些文章，觸發了容貌焦慮嗎？一口氣買了很多書、報名了很多課程，是因爲看到身邊的誰很成功，引起了害怕落後的恐懼嗎？

這些東西並沒有「對」或「錯」，如果眞的喜歡也需要，也都有好好使用，那花錢的行爲是非常好的。但大部分的「購物欲」，背後往往是在「塡補某些情緒」，那個情緒是什麼呢？

除了觀察以外，也可以抽一張〈情緒光影卡〉，看看牌卡給我們什麼提示。

修復關係的本質，是「修復自己」

有一位舊案主私訊我，說他最近為一個朋友的問題感到頭痛，左思右想不知道怎麼辦，但又覺得沒有嚴重到需要特地預約一次諮詢，於是自己用牌卡看看有什麼建議。

他為自己洗牌後一翻，是「作伴／分心」。畫面上有一隻貓趴在桌邊，手摀著眼睛躲避檯燈刺眼的光。桌上是單字表、課本，看起來像主人正在努力念書。正面意象是，在覺得很辛苦的時候，旁邊如果有個陪伴，會讓人覺得安心與溫暖。負面意象則是，正因為旁邊有人陪，所以反而很容易忘記原本要辦的正事，甚至變成轉移注意力的「分心」。

第一時間他也看不太懂這是什麼意思，不過想起我在〈情緒光影卡‧線上入門課〉中，有提供過幾個步驟梳理牌義，於是他先問自己一個問題：「畫面中的人物代表誰？」

他看著牌卡，直覺那隻貓是他朋友，而自己則是那個「努力做功課」的人，突然間他就融會貫通了。

「真的很難形容那一秒鐘的頓悟，有時候解牌就是電光火石之間，靈感會把全部的線索串起來耶！」他很興奮地說：「其實我對這個朋友很頭痛的原因，是他最近一直敲我聊天，也會每個周末問我有沒有空，要不要去哪裡走走之類的。」

「可是他最近變得跟以前很不一樣，以前聊天至少會輪流講自己的事，現在他常常很霸道一直講自己的，抱怨最近的工作、抱怨家人、抱怨最近的約會對象，我很努力想安慰他，講沒兩句就公親變事主，他甚至覺得我站在對方那邊，開始跟我爭論。」

「但是當我乾脆不講話，他又會一直問我意見。每次我都覺得聊天這麼不愉快，他應該下次不會約了吧，但是回去以後他又像沒事一樣，隔天又丟一些好笑的連結新聞給我，想要我繼續陪他聊天。」

原本覺得很困擾的他，在看到牌卡之後，突然意識到自己「太努力」了。他把朋友丟給他的問題，無意識地當成自己的「功課」在做，很嚴肅地在想辦法回應。

但旁邊那隻貓呢？牠摀著眼睛躲避光線，不想被干擾——就像不想面對真相的人，只是想要有人陪。

「我這樣聯想之後，覺得真的有道理耶！其實他人生一直都是這樣，認識十幾年了也沒改變過，只是之前有伴侶當他的重心，我才沒有感覺他很煩很盧。」

「但去年分手了之後，他轉向朋友抱怨，我才開始覺得很困擾，甚至還一直反省，是不是我沒回答到點上，他才會一直在同個問題上打轉。」

「但是看了牌卡之後，我才發現自己沒意識到的是——也許他不是要我建議，只是想要有人摸摸他、想要人陪而已，就像牌卡上那隻貓一樣。而我太努力了，把這件事當成考試和功課在做，才覺得這麼困擾。」

後來這位案主改變思考方向，遇到朋友又來找他抱怨人生，他會把那些話理解成「他不是真的有問題，只是想要人陪」來思考，不會再認真給他理性的答案，反而是拿自己的故事來分享。

這招有奇效，一來對方聽了故事，會從原本的困境退一步出來看，知道「原來我不是最慘的，別人也遇過這樣的事」。二來是聽別人的故事，比較沒有「被建議」的感覺，容易卸下心防反思自己。

第三是我覺得最聰明的——人都喜歡聽故事，在別人願意分享自己的故事時，都會有被陪伴的感覺，這才是他朋友真正需要的品質。

而在他這樣相處之後，幾次下來朋友真的平靜許多，甚至偶爾還會反過來同理他受的苦，一段本來考慮要「斷捨離」的友誼，竟然在他「放棄努力」之後，恢復原本自在的相處。

「你的方法非常棒耶，剛好把這張牌原本的負向牌義『分心』，靠覺察轉成正向的『陪伴』！」我很訝異地說：「其實原本朋友要找你，也正好是最近太痛苦了，想要『分心』，這是這張牌的負向表現。」

「但因為你帶入了覺察，放下過度努力之後，反而把彼此都耗損的『分心』，轉成互相滋養的『陪伴』——剛好這正是對方需要的，你不但療癒了對方，同時也療癒了自己。」

不得不說，在這個故事裡，雙方都很幸運。有能力看見朋友的需求，願意轉化陪伴的方式，這已經很難得；對方也接收得到他的用心，而不是繼續無底洞的需索陪伴，這也是另一種運氣。

常常有人問我，要怎麼樣才能「修復關係」。我都很難給出一個標準答案。我一直覺得，能修復的關係，基本上要建立在雙方是「同頻」的。如果雙方落差太大還硬要修復，那比較像是在問「我該如何忍耐，又不會讓我太痛苦」，這太困難了，我更建議的是去探索，自己無論如何都「放不下」的原因是什麼。

但是在那之前，一定還有什麼是能做的，那就是「好好覺察」——看看自己還有什麼能調整的，就像文章中的案主一樣，他覺察出自己「太努力」想建議對方，於是練習轉換成「陪伴」的相處方式。

這樣一來，如果彼此還是「同頻」的人，自然會繼續走在一塊兒；如果頻率相差太多，那自然也會漸行漸遠，但至少我們嘗試過了，而且在過程中，我們還變得比原本更完整。

「修復關係」之前，先修復自己，這才是「修復」的本質。

情緒光影卡練習時間

每個人身上都有千絲萬縷的人際關係，有些還沒到「斷捨離」的程度，卻又讓我們不舒服，想看看有沒有機會改善。不妨試著問牌卡「我跟〇〇〇的關係不太自在，想知道有什麼方法可以建議我調整？」看看牌卡有什麼提示哦！

三、當一個有成熟善意的人

為什麼不認識，卻莫名地「不喜歡」？

同溫層的意思就是，你們喜歡的東西常常差不多。朋友間網路文章分享來分享去，有些作者就算不認識，名字也反覆出現在你面前，久了就好像也眼熟了起來。

但我曾經遇過幾次這樣的經驗：明明作者講的內容是對的，文字就是看不下去，甚至會莫名湧起一股惱怒感。但有時候單篇文章太紅，就算沒追蹤作者，身邊不斷有人分享，幾次之下還會無名火起，點下滑鼠直接把貼文按隱藏。

也不是沒耐著性子再多給幾次機會，但那少數會反覆「惹毛」我的作者，即便各自屬於不同領域，講的東西也跟我無關，甚至還很正確，卻依舊引發我反感，簡直就像人人都說好吃的東西，我卻咬一口就全身過敏一樣。

那就不要看吧，反正文章跟食物口味一樣很個人——也行，但這些作者往往是同溫層的心頭好，還長期筆耕不輟，所以幾年下來三不五時就要被莫名刺激一下，某天我也覺得很煩，乾脆好好挖掘一下，這些無辜的作者到底是哪裡惹到我。

我抽了牌卡，詢問「為什麼我每次看到〇〇〇作者的文章，都會覺得很不舒服？」翻開來一看，是「支持／依附」。

這張牌的畫面，是衰弱傾杞的樹，被支架支撐著維持生命。仔細一看樹上纏有寄生植物，正在依附宿主吸收養分。而原始的意思，正面可以理解成樹就像一個脆弱的人，如果需求被適當地給予協助，就能夠繼續活下去，是健康的「支持」。負面則可以理解成，樹穩定自己的根不夠強壯，又過度依賴外在支架扛住自己，結果成了過度的「依附」。

我看到樹被滿滿寄生植物纏繞的畫面，忽然有個靈感浮上心頭。

那些我「過敏」的作者，剛好都有一個共同特質：他們在自己的領域都有權威形象，身邊也都圍繞著一群「狂信徒」。

這樣的依附關係，恰好勾起我久遠以前的恐怖記憶——在成長過程中，我接觸過好幾次信仰狂熱的環境。不見得是宗教，也有一些是意見領袖、精神導師、或某些領域的權威等等，而這些地方除了有「教主」，身邊更有一批死忠的「狂信徒」。

「教主」和「狂信徒」之間的關係，微妙地讓人不寒而慄。尤其是狂信徒，組成多半是一群內在脆弱的人，急著找一棵大樹依附，心裡覺得只要站對邊，自己也會被權威的力量撐腰。他們看起來和常人無異，甚至熱情又友善，但只要有一點點質疑到信仰，馬上就會變成另一個人，即使原本和你很好，也能瞬間對你翻臉不認帳地發狂猛攻。

我親眼見識過好幾個這樣的團體，內部都有極為類似的走向。狂信徒一開始都只是普通的人，生命遇到挫折，來這裡試試水溫，結果發現這裡的人對自己很熱情、又能聽到「真理」紓解內心迷惘，就像抓到浮木一樣，生活中任何大小事都圍著團體轉。他們打從心底相信，只要跟定教主，人生就會從此一帆風順，生命中的挫敗也會就此遠離自己。

我並不是要說信仰不好，因為我確實也見識過一個人信仰虔誠，可以為內心帶來多大的安定。但這些地方都有個共通點——如果團體內有人對教主的話產生質疑，旁邊馬上就會有狂信徒跳出來護航——不是理性解釋，是咄咄逼人的批鬥，一副「膽敢質疑我們教主，你也不看看自己有幾兩重」的凶悍，但是解釋的邏輯卻支離破碎，旁人被嗆了一頓還不知道答案是什麼。

而「教主」即使在場，也常常坐視不管，甚至引導這樣的批鬥。有些比較清醒的人覺得不對勁，動念想要脫離，但如果已經涉入很深，關係千絲萬縷纏繞，也不是說走就能走。這些人還要找理由請辭、解釋，這比真正的辭職和分手還困難，因為過程中往往會遭到更大的攔阻與批判，甚至恐嚇會遭到報應。而他們內心多半對信仰的力量也都還有畏懼，躊躇不敢離開，就算最後成功離開，也往往被痛苦地活活剝了一層皮。

多年後接觸比較正派的系統，才知道會讓你愈待愈恐懼，愈待愈失去力量的地方，根本不是正當之地。也才知道當中有多少似是而非的歪理，又有多少人被「報應」兩個字困住，嚇到只敢乖乖服從。

這下我突然頓悟，自己的「過敏」從何而來。因為那些作者的權威形象，剛好都很「大樹」，也吸引了很多脆弱的人來依附，覺得作者說什麼都是對的，不容質疑。而那樣的既視感勾起了我內心深刻的恐懼。對我來說，最可怕的其實不是惡人，而是脆弱的依附者——虛弱的人不會容許心中的信仰被摧毀，當他們要捍衛什麼的時候，那個攻擊性是讓任何有理智的人喪膽的。

而我非常害怕再靠近這樣的圈子，就算只是當一個旁觀者，看著文章和留言，都會在內心湧起一波又一波的膽寒，於是刻意想迴避。但這都不是作者真的做錯了什麼、或哪裡不對，而是那樣的互動方式，觸發了我潛意識陳年的恐懼，才莫名地湧起排斥感。

我又問自己，如果我很想要解開這個恐懼，該怎麼辦呢？我要勉強自己看這些作者的文章嗎？但內心就真的還是有抗拒啊，於是我抽了另一張牌：「吸收新知／資訊焦慮」。

這張牌倒是點醒了我。仔細想想那些作者說的內容，雖然都是對的，但不知道似乎也無所謂。會想逼自己忍著不舒服去看，內心很大一部分是出於「大家都說好，我卻因為過敏沒看到，會不會因此少了什麼資訊」而焦慮。

可是少看了真的有什麼差嗎？世界上多的是我沒看過的資訊，這些作者的內容或許真的不錯，但有什麼是我看了會少奮鬥十年嗎？顯然不會，就像我不會看了巴菲特的書就變成首富、不會看了佛書就開悟一樣。任何領域，最後都還是得透過「吸收」、「實行」才會有用，但如果我對作者本身沒有足夠的信任，怎麼可能還願意好好吸收、好好實行？

那我就繼續排斥下去嗎？倒也不盡然。既然知道自己對作者過敏，是因為過去不好的宗教記憶，我就練習把這份「投射」收回。

下次再看到他們的文章出現時，我會有意識地提醒自己——當年那些傷害我的宗教經驗，和這些作者無關，深呼吸，用覺察暫停那股無名的憤怒。當內在恢復中立時，如果剛好對內容有興趣，我還是可以看一下；如果當下不想看，就在心裡祝福作者說「謝謝你對世界的付出，願這篇文章幫到真正需要的人，讓他們找回力量」，接著滑過去就是了。

用祝福和感謝鬆開投射，或許哪天真正能釋懷宗教傷害時，我能夠鬆開得更多。在這之前，看清過敏的原因，不勉強自己接受，但也不再創造更多的束縛——我願意一步一步來，慢慢讓自己變自由。

情緒光影卡練習時間

有沒有遇過哪些人，即使根本不熟甚至不認識，但就是莫名不喜歡？試著抽一張牌卡，詢問：「爲什麼我就是沒辦法喜歡〇〇〇？」看看這個人的存在，是不是勾起了什麼負面記憶的投射？

潛意識沒忘的人際焦慮

手忙腳亂地收拾行囊，一件一件地把物品塞進包包。隨著包包愈塞愈滿，我內心的煩躁值也愈來愈高。明明平常是少物生活主義者，但別人每遞來一件物品，我還是勉強自己塞進去，甚至跑去挖一袋角落的廢棄雜物，掏出裡面貌似堪用的物品。

醒來的一瞬間，覺得這個夢也太離奇了，因為完全違背我平常的行事作風——不管是之前搬家還是搬工作室，我都是完全不囤東西的人，最高原則是「用不到就丟、太醜就丟、重複就丟、用起來勉強就丟」，所有東西必須滿足「真的喜歡、好用、用起來又稱手」才會留下，因為長期觀察下來，這樣不但不浪費，反而能過上簡單而有質感的生活。

但這夢中的我不知道哪根筋不對，竟然不斷把無用雜物塞進自己包包裡，醒來後總覺得是個隱喻，好像要提醒我什麼，但一時之間解不出來，就拿起床頭的情緒光影卡解夢。

我一邊洗牌一邊問牌卡：「早上這個夢，是要給我什麼訊息呢？」抽出來的牌是「沉潛／沮喪」，牌卡上一個小男孩窩在海底的貝殼裡，抱著頭像是在默默哭泣。一輪皎潔的月光灑落下來，流向小男孩身邊，彷彿像是要溫柔陪伴著他。

第一時間不是很了解，這張牌和我的夢到底有什麼關係？於是加抽了一張當作「延伸解讀牌」，這也是我在一時間不清楚牌義時，常用的輔助手法。這次翻開是「警覺／恐懼」。

看到這張張牌卡上，有個躲在樹後面緊張張望的小男孩，我忍不住大笑。他身旁快爆出來的包包，不就跟夢境中的我一模一樣嗎？明明都裝很滿了，還是很害怕自己有所遺漏，準備得很過度，卻不敢有所行動。

這和我夢中的情緒極為相似，而夢中的情緒，往往又和現實生活中高度相關，我忍不住開始思考，最近生活中有發生什麼事，讓我處在這種「過度警覺、害怕遺漏」的情緒中嗎？

還真的有欸！那段時間剛好有些瑣碎的跡象，觸發了我對人際關係的焦慮，而這讓我陷入了「過度思考、害怕哪裡沒做好」的恐懼。

事情是這樣的，有個平常很熟的朋友，相處起來似乎不像以前這麼熱絡。回覆訊息變得很草率，或者見面的時候明明很正常，但回去就冷淡已讀不回，種種「不對勁」的蛛絲馬跡，都讓我感覺「怪怪的」。

原本以為自己已經成熟到不會在意這種事，內心卻不由自主泛起了焦慮，不斷思考自己是不是講錯什麼、讓對方誤會什麼，甚至下意識地想去做些什麼討好對方，還會裝沒事去找話題聊天，確認對方沒有在生氣。焦慮愈滾愈大，明明對方沒有真的怎麼樣，卻讓我更害怕遺漏了什麼細節沒做好。

意識到這點之後，我突然就能理解第一張牌「沉潛／沮喪」，那個抱著頭低落哭泣的小孩象徵著什麼──那是過去不被人喜歡的我。

我在成長過程中，大部分時間都被當成邊緣人。即使現在在同溫層說話，很容易被認真當一回事，但如果去更早以前的團體聚會，大家還是習慣把我當空氣，講話都沒人理，這一直讓我挫折很深。

過去我也被朋友怒斥：「你真的很不會看人臉色欸，不知道大家都在忍耐你嗎？」而大受打擊，很長一段時間不再纏著別人，而是學會獨來獨往。要說是學會獨立嗎？長遠看來確實是，但當時的出發點是「害怕再被討厭，所以乾脆不跟人來往」的挫敗。

多年過後的我，已經可以感受到身邊很多人愛我，難相處的個性也逐漸變得圓潤，加上學會獨處，一個人也能過得很好，更感受不到自己還有「人際焦慮」的課題。

然而當朋友「不對勁」的態度出現，我才發現內心還是被觸發了恐懼，還是會擔心自己「其實早就被討厭了，只是別人不說」，而不斷反省做錯什麼。就像第一張出現的牌上一樣，內心還是有個受傷的小孩，獨自在海底悲傷的哭泣。

一旦看見自己在害怕什麼，我反而可以冷靜下來思考了——現在這些微小的事件，真的這麼嚴重嗎？

重新再看一次牌卡圖像，這回我注意到海平面上，星光燦爛的夜空，很美很寧靜。再看著海底哭泣的人，腦中浮現一句話：「外頭還是很美好啊，一直困在過去也不是辦法，要不要走出來看看呢？」

這句話，是對牌卡上的人說，其實也是對自己說。跳出來看著自己的人際焦慮，我回頭想想，那些已讀不回的反應也沒有很嚴重，很可能只是我太敏感的過度解讀。

就算對方真的不爽，但他不說，我也想不到自己做錯什麼，那何必用痛苦折磨自己呢？就像我也曾經對某些朋友很不爽過，但因為後續的相處經驗還是好的，一段時間冷靜後，內心還是想辦法原諒他了，相處又恢復融洽。

真正會長久的友誼，本來就是加加減減，喜歡的部分抵銷討厭的部分，還有盈餘到可以繼續的程度，才是真正耐得住時間的友誼。

而我會因為一點扣分的徵兆，就陷入好一段時間的低落，不斷反省自己做錯什麼，說穿了，不是因為有多在乎對方，只是掉回「被討厭、沒人喜歡我」的痛苦記憶。

而透過牌卡解讀夢境，我得以用旁觀的角度，從痛苦的記憶裡抽離。我依舊不喜歡被討厭，但這次我能適時停止過度反省和恐慌，用一抹溫柔的力量，救起那個害怕被遺棄的自己。

情緒光影卡練習時間

「害怕被別人討厭」是人之常情，但即使知道不需要理會、或是對方根本不是重要的人，卻還是耿耿於懷，背後往往是隱藏著更深的原因。

如果你也陷入這樣的處境，不妨詢問牌卡：「爲什麼我會這麼在意〇〇〇對我的不友善？」看看牌卡爲你挖掘出什麼樣的訊息吧！

能好好接受自己不被喜歡，會成為成熟而友善的大人

有人說：「所謂的大人，就是開始接受『不可能所有的人都喜歡自己』。」我同意這個觀點，不過有時候知道自己為什麼被討厭，有助於這個接受的過程。

多年前我因為一個團體的關係，認識一位朋友。在見面之前我滿心期待，大家都說他多好多熱心，做事負責又仔細，會把每個人的需求記在心裡，你需要的時候即時遞上。講話又溫柔，也很有能力，我自然也相信會和他成為好朋友。

一開始確實還不錯，他見到我也是親切地笑笑招呼，但因為沒有進一步的深交，我對他的認識也只停留在「大家眼中的好人」。直到過了一段時日，我因

故私下和他見過幾次面，卻發現對方的行為跟傳說中的「友善」大相逕庭。

聊正經的工作煩惱，對方會輕描淡寫說我做事方式不對。聊輕鬆的日常，講美食他會皺起眉頭說：「你怎麼會喜歡那一家，你下次去試試看某某路的才是正宗。」講自己喜歡的穿搭風格，他撇撇嘴：「我是不認為那樣好看，但你自己喜歡就好。」聊感情，「你自己選的，自己想清楚囉！」稱讚他工作上的專業，「這沒什麼，做久了誰都會，不用大驚小怪。」

然而下次在團體的眾人面前，他又會恢復成對大家都超親切的溫柔女子，耐心傾聽別人說話，附和的時候笑得花枝亂顫。我開始懷疑自己是不是哪裡惹到他，才會讓他在別人面前一套，對我又是另一套？這樣的疑惑持續了好長一段時間，也讓我每次遇到他都變得很緊繃，更加講什麼東西都小心翼翼，但對方依然經常三言兩語中，就會扎我一根軟釘子。後來因為那個團體沒再聚會，我也就沒繼續這個折騰，直到共同朋友又在最近提起他，我才又勾起這樣記憶。

剛好那陣子，有牌卡師讀者跟我說，他用「周哈里窗」原理來搭配情緒光影卡，有非常神奇的洞見。

周哈里窗原本的設計是四象限格子，分別是「開放我、盲目我、隱藏我、未知我」。用在他人關係，這四格可以分為「自己知道／對方也知道」、「自己知道／對方不知道」、「自己不知道／對方知道」、「自己不知道／對方也不知道」四個框框。

當他想釐清和別人的關係僵局時，會分別為每一個格子抽一張牌，想看看自己和對方的關係中，有什麼能增進覺察和改善的部分。

我當下就想起這個人，於是想好奇用周哈里窗來看看，自己和對方到底出了什麼問題，於是洗牌，依序為每個格位抽了一張。

◆自己知道／對方也知道：互補．矛盾

第一張牌就直接破了題，畫面是太極的黑白兩面，各自在天秤上指著對方。

正向解讀是朝著對方前進，彌補彼此不足的「互補」，而負向則是互相指責的「矛盾」。

訊息不言自明，也非常吻合現況，因為我和這個朋友的確是非常兩極的人。他是苦幹實幹努力型，不但從小是乖乖牌，老老實實考進了穩定的企業，原生家庭重男輕女，他還是忍氣吞聲顧前顧後。他在團體裡雖然會周到的照顧大家，但其實不太敢搶鋒頭，都是點頭溫柔附和為主。

跟他比起來，我是個很自我的人，雖然我也很想被團體喜歡，但常常是走「搶發言權」的出風頭路線。我不太追求穩定，可以只因為「覺得上班太痛苦」就叛逃職場，追尋自由工作者之路，也還真的被我誤打誤撞成功。甚至家人也從不支持，到後來變成以我為榮，跟他完全是光譜的兩極。

第一張就讓我覺得，對方會討厭我好像滿合理的，而接下來的牌更是一張一張都呼應了這個感覺。

◆自己不知道／對方知道：縝密周延．鑽牛角尖

這張牌是一個簡單的迷宮，一個小孩被大手擋住，就怕得胡思亂想不敢前進，而其他天真的小孩卻直直往前衝就過關了。

我突然想到，對方曾經也說過想離職創業，但是他是個非常小心的人，想要把專業累積到萬無一失、存款滴水不漏、離職後接案的人脈也安排好才敢離職。但這種「小心」根本不會有盡頭，更不用說他還要扛父母的照顧壓力，最後還是沒有勇氣放手一搏，只能繼續鬱悶地待在職場領死薪水，然後安慰自己「這樣也沒什麼不好」。

在他眼裡，我這種沒想太多就傻傻往前衝，誤打誤撞幸運闖出一片天的人，會不會很容易讓人反思「如果當時勇敢一點，會不會今天也有不一樣的人生？」因而隱約浮起了敵意？

我承認如果我是他，我會，因為我也做過類似的事。多年以前我羨慕獨自出國打拚的朋友，因為自己就沒那個勇氣連根拔起。偶爾他回台灣見面，我在言

談之間會有意無意地想壓過他，證明我也過得不差，或是間接想確認他的生活也沒多好。想來他也感覺到我隱隱約約的敵意，因此逐漸斷了聯絡。

我後來很後悔當年不成熟，因為我的敵意不是針對他，而是他成功過上了我渴望的生活，讓我開始厭惡自己的軟弱。

◆自己知道／對方不知道：體面．壓抑

這張牌是一個站在鏡子前的女生，努力扯緊馬甲，想讓自己更瘦更美，套進華美的禮服裡。正面解讀是，我們得在別人看不到的地方加倍辛苦，才能看起來毫不費力，成為美好的樣子。負面解讀則是為了一個表象，過度壓抑自己的感受，甚至開始自我厭惡。

這張牌完完全全代表了我的感受。雖然在一般人眼裡，我離職後吃苦的時間很短，很快就在大流量的平台寫熱門專欄、大出版社出書，當時又是觸及率很好的年代，迅速就累積了讀者，自由工作也站穩了腳步。

但私底下要我說，那其實是很可怕的經歷。寫作是赤裸裸地掏出自己，文字就是自己的分身，以前的作者離讀者很遠，批評或喜愛都是很久之後才收到，甚至不想看的話，紙本信寄來，你只要不拆，別人也拿你沒輒。

但網路時代的作者，一拋出想法就要面臨立即的支持或批判，只要你打開電腦，這個社會對你的友善和惡意幾乎無孔不入，支持和愛你的人當然有，斷章取義和敵意的也很多，沒有一個人天生就能面對這一切，有的話也不會有這麼多長年活在鎂光燈下、在媒體和網友嘴裡討生活的明星藝人尋短或得憂鬱症。

因為，再強調一次，即使大家平常裝得再怎麼酷，依舊「沒有人」天生可以習慣這一切，更不用說我原本就是很沒自信，常常覺得自己不夠好的人。

但是只有「我」知道，對方卻不知道。他跟我不熟，只看到我年紀輕輕就可以出書、上電視節目、演講、和公眾人物交朋友，卻不知道我在最開始的那幾年，每天都活在冒牌者症候群裡，有公開活動就會焦慮到失眠和吃不下飯，反覆在腦海中播放批評的言論鞭打自己，但更多的友善稱讚卻被我無視，只覺得他們一定看走眼，只有批評的人才看穿了我的真面目。

明明看起來光鮮亮麗，內心卻覺得被狠狠孤立。這也讓我不自覺地嫉妒這位朋友——因為當我感覺所有人都不愛我的時候，他卻被一群人包圍著，所有人都喜歡他，而對他的態度也不自覺防備起來。

這剛好是最後一張牌的答案。

◆自己不知道／對方也不知道：防禦．帶刺

最後一張牌，簡直就是我們各自無意識行為的化現。

這張牌其中一個人，有著像仙人掌般的氣場，旁邊的人都遠遠躲著觀望。如果環境是有敵意的，用這種「防禦」模式保護自己當然沒問題。但如果旁觀者並無惡意，用這種態度對待每個靠近的人，就是「帶刺」了。

我們常常以為是對方先不友善，自己才反擊，搞不好換個角度想，對方也

這麼覺得。這的確很有可能，我忍不住反省，或許是剛認識的時候，我氣場就因為不安全感，不自覺就用很僵硬、很防衛的神色對待別人，對方覺得我跩什麼跩。加上可能觸碰到他「想成功但沒有勇氣」的遺憾，所以言語之中就帶著刺，一方面是想要回敬我的防衛，一方面是想證明「我也沒多好」，才不會太厭惡自己。

當我看著周哈里窗這四張牌，心裡浮起一股釋然與歉意。我知道自己當年犯了什麼錯，也能同理對方的行為，而不是有一部分的自己，被困在受傷的情緒裡。雖然目前已經沒有交集了，但至少日後有緣相見，我也可以是個更友善又放鬆的人，能用新的態度去連結。

有時候，能好好接受自己不被喜歡，才能成為成熟而友善的大人。因為那份接受不是帶著怨恨，而是基於理解。如果一個人連別人不喜歡自己都能理解，那我想世界上，大概沒有人能傷害得了他了。

情緒光影卡練習時間

想知道家人、朋友、伴侶的關係，有什麼是我們沒留意到的盲點嗎？嘗試使用周哈里窗，爲四個格子各抽一張牌，探索是否有彼此都不知道的關係議題。又或者可以用「開放我、盲目我、隱藏我、未知我」，試著探索自己未知的面向哦！關於周哈里窗的詳細資料，可上網搜尋「周哈里窗」。

沒有界限的善良，是包裝過的軟弱

有一位工作認識的朋友，定期會找我做一對一諮詢，把自己從人生的泥濘中拉起來。

他人生最慘的時候，大概不比爛泥好多少，三句話內各種鬼打牆，彼此矛盾、看不開又憤怒。但奇特的是，他總能留著一點覺知，在情況最糟時守著一股內在之光來求助，聽我告訴他現在的盲點，又顫顫巍巍地朝著那個方向匍匐前進。

他感激地說起最近一次諮詢之後，回去仔細思考很多事，之後徹底對人生進行大整理。

「我開始意識到，原來我人生花這麼長的時間，在對我有害的環境裡打轉，還苦苦追求認同。」

「後來我放棄整天鬼打牆，決定先回頭照顧自己的生活。我練習斷捨離，丟掉很多雜物，只留下自己真心喜歡的東西。我大清理社群媒體，把很多看了會忍不住焦慮、激起比較心的追蹤刪除了，不會一直在那邊滑，看了又生氣，心情輕鬆很多。」

「最神奇的是，身心慢慢穩定之後，對於那些反覆糾結的感情傷害，現在竟然會自然而然想：好吧，我能理解當時你為什麼會這麼對我了，即使想到還是不太爽，但也真心祝福你獲得想要的幸福啦！」

雖然我一直都相信，當我們反覆糾結在某個點上，最需要的真的不是「想通」，而是「調頻」——照顧好自己的身心，等能量提升了，有些東西自然就會通，不需要絞盡腦汁地在那邊跟它鑽。

但真實看到朋友的改變，大腦還是受到了震撼，甚至還浮起了「等等你哪位」的超現實感。當然心裡是開心的，朋友完美展現了「一個為內在負起責任的人，是真的有可能在幾個月內脫胎換骨」。

因為道理真的都很簡單，唯一的差別在於有沒有「行動」。那個行動不見得是要去做什麼翻天覆地的大事。就算只是每天開始好好吃飯、好好睡覺，穩定自己的作息。或是每天寫一點短短的覺察日記，讓自己從最小的地方跟平常不一樣，都是「行動」。

「知道」本身無法改變什麼，「行動」才可以。

話題聊著聊著，朋友又順口提到，最近他有一個不大不小的問題，但眼看時間不多了，沒空講來龍去脈，他想問能不能直接抽張牌，給自己一個建議。於是我把牌卡遞給他，他洗了洗之後翻牌，是「善良／軟弱」。

我跟他解釋道：「你翻到的這張牌，圖像是一個失去『心』的鬼魅，對著女子張牙舞爪。女子被鬼魅抓傷了，但他知道鬼魅是因為心碎了才傷害他，所以並沒有反擊，甚至還蹲在地上幫他撿拾破碎的心，想要為他修補心碎。」

「這張牌的正面解讀是『善良』。意思是，當我們可以同理別人之所以傷害我，是因為他內心破碎，我們就不會惡意還擊，甚至還能忍痛幫助對方。」「但負面的解讀是，過度善良讓我們變成『軟弱好欺負』，即使受傷了還幫對方找理由，甚至想冒著再受傷的危險，去修復對方的心碎，那這樣自己也會跟著受傷。」

光是解釋完牌義，朋友就連呼：「好準！這完全就是我現在的狀態！」

朋友開始說道，他想問的那個人，正是長期在需索他的精力。平常毫無節制地對他倒情緒垃圾，心情不好會半夜打電話哭訴，甚至招呼都沒打就跑去他家按電鈴，只因為覺得寂寞希望有人陪。

雖然他已經疲於應付，但總是告訴自己「也只剩我會聽他說話了」、「他不是有意要傷人，只是找人在發洩情緒」、「之前我落魄的時候他也有幫我，所以我也要幫助他療傷」。

這種過度的「善良」，往往是包裝過的軟弱。因為沒有勇氣拒絕、不想被說忘恩負義、因為想當好人，所以對方砸過來什麼我們都承受，甚至連自己都遍體鱗傷，還想著要怎麼樣才能讓對方「好起來」。

沒有界限的善良，其實是一種軟弱。

我說，你還記得一開始跟我說過的話嗎？一個人之所以能夠「好起來」，靠的是自己的「行動」，而不是有個善良的人在旁邊任你需索陪伴，去填補你內心的黑洞。

我們現在以為自己的忍耐，是在幫助別人「療傷」，但其實誰都沒有被療到，反而讓對方更加依賴。你一離開，對方空洞的心就再度暴露出來，於是糾纏你給更多，甚至讓你覺得，就是你不給，才害他這麼痛苦。

「沒錯，我自己以前痛苦時也是這樣。」朋友倒抽一口涼氣：「我甚至會不惜把自己弄得很慘，希望讓對方有罪惡感，好獲取更多關注。」

「但後來我發現，真正讓我好起來，不是因為我索取到了什麼，而是我終於意識到『只有我能救我自己』。」

「當我開始好好整理自己、好好重新生活，甚至每天逼自己吃營養健康一點之後，內心的空洞慢慢修補起來，反而就不想再傷害自己了。甚至會覺得為了索討，我還得把自己能量弄得很低，我才不要呢！」

當內心狀況不好的時候，我們人人都有可能變成鬼魅，卻必須要意識到，討愛的過程中，不但沒有獲得什麼，還會把自己愈挖愈大洞。這時候需要的，是有意識地停下來，好好覺察，好好照顧自己，先把頻率拉回來。

而當我們成為了被別人索討溫暖的人，也要記得，善良是需要界限的。如果只是因為不想當壞人、不想背負罪惡感，而一味地滿足對方，那善良就成了拖雙方下水的「軟弱」。

可以陪伴、可以傾聽、可以接住，但請在「不受傷」跟「對方有意願為自己負責」為前提。

那樣的溫柔，才是真正的善良。

情緒光影卡練習時間

找出「善良／軟弱」這張牌，觀察牌卡上的鬼魅和女孩。我也曾經和畫面中的女孩一樣，因爲心軟，而讓內心空洞的人傷害我嗎？而我的忍耐，是讓對方慢慢復原，還是變本加厲的索討呢？

我知道這很難，但試著設立界限，別讓自己跟著被拖下水。如果手邊有情緒光影卡，可以參考「界限／疏離」這張牌的意象，讓自己躲在安全的牆後，保護自己的善良吧！

當一個有成熟善意的人

某一天晚上，貨真價實地為了一件小事，傷心到難以入睡。

起因小到不可思議，只是一位不熟的朋友拜託我幫忙一件事。那件事對我來說並不困難，但是當時我各種行程撞在一起，原本大可以推掉不接的。但因為把他的苦惱放在心上，最後答應幫忙一半，甚至在原本該休息的時間多做了一點，希望可以省他一點力。

事後對方看到成果，尷尬又不太高興地說，我沒有拜託你多做這些，你多做的這部分不是我要的。於是我還要另外再撥出時間恢復原狀，避免給他「添麻煩」。

好的，客觀看起來，確實是我雞婆沒錯，單就這次事件來說，我這個行為的確沒有幫上忙，還造成他困擾，自己善後是「應該的」。

我跟他道了歉，把事情恢復成他想要的樣子，但當天卻難過了一個晚上。和身邊的朋友聊起這件事，有些同樣遇過「好心被雷親」的經驗，氣呼呼地說：「以後不要幫這種人啦！好心沒好報！」也有人比較客觀的建議：「要不要下次多問對方一下，避免類似的事發生呢？」很有道理，我說，平常我也會這樣做，但是當下時效性的考量，問是來不及的，所以才會選擇先做再說。

在傷心之餘，責備自己「別人沒要求，你主動幫忙本來就不對」，其實於事無補。因為它除了否定一個人正常的情緒以外，還會澆熄人內心的善意，這也是另一種自我傷害。而人本能上為了保護自己免於下次傷害，下一句就會接著發誓「我以後都不要再雞婆幫別人了」。

狠狠地說出「以後都不要再幫別人了」當然最痛快，但我感受得到這個念頭一升起時，心裡會有一股冷酷的斷裂感，那種意念非常不舒服，我並不想要成為這樣的人——而且明明在百分之九十九的經驗裡，我的額外幫忙結果都是好的，如果因為這一分的經驗，讓未來需要幫忙的人被我冷漠對待，我也不願意。

再說，這件事其實不是「對錯」的問題，真要爭論起來，每個人都有自己的道理。問題的重點在於，無論我拿多少「道理」想平息情緒，都還是會傷心，想來背後應該有更深層的東西。於是我抽了一張情緒光影卡，詢問：「為什麼這件事情，會讓我難過這麼久？」

一翻牌，抽到的是「真實／幻滅」。牌上的圖像是一個女生，戳破了色彩斑爛的巨大泡泡，裡面原本完美的天使雕像，在泡泡破滅時顯露出樸素斑駁的樣子。負面解讀當然是「美好的理想被戳破，看到灰撲撲的現實的幻滅」。而進一步用正面解讀，也可以理解成「戳破幻想之後，看見真實的樣貌，雖然沒有想像中這麼光鮮亮麗，但樸素的原樣，或許也沒有不好？」

這張牌瞬間「戳」醒了我的幻覺，我才意識到自己會這麼傷心，跟內心抱持著某種「夢幻的想像」有關——我很喜歡別人收到額外的幫忙時，那種「驚喜、開心、覺得人間還是有溫暖」的感動表情。而過去很多次的成功經驗，正好都助長了我這種想像，也因此更容易過度付出「原本該留給自己」的東西，去換取這樣的感動。

好比說，明明就已經很忙了，我還是因為想建立溫暖的連結，硬是犧牲「原本的生活品質」答應下來。又好比說，明明是「自己休息的時間」，卻兀自幻想對方發現問題被解決時，會既開心又感動，於是硬是撐著疲累，做了多餘的事。

但「現實」是什麼呢？現實是沒有人需要符合我的「幻想」，這位朋友只是剛好戳破了我的「幻想」，讓我意識到「原來現實是這樣」。世界上六十億人口，只有一位不喜歡，那他當然可以選擇不要，這就是現實。

其實換個角度想想，我自己也不是沒做過類似的事，甚至還不少。例如我不吃肉，去餐廳的時候，偶然遇到老闆喜孜孜地端出私房肉串作為招待，滿臉等待我們發出「哇！」的驚喜——結果我只能尷尬地說：不好意思，我不吃肉耶，謝謝老闆。

又或者我曾經跟店家訂製裝飾品，收到時發現跟訂購的款式有點不同，詢問之下老闆才很得意地獻寶說，因為我是朋友介紹的，所以免費幫我升級更好的材料，還附贈額外的配件——但我在電腦另一端卻大傻眼，因為我特地量過尺寸和配色，升級版的雖然更高級，比例卻跟預計要放的地方變得很不搭，當下謝也不是、也沒有勇氣退換貨，只能尷尬地說：「原來是這樣，哈哈。」相信老闆那時候也被潑了一盆冷水，不知為何沒收到預期的興奮道謝。

這樣想我也才發現，至少那位朋友比我勇敢，不要的東西敢直接說不要，「現實」中有這樣的人存在，不也是不錯嗎？只不過這次發生在自己身上，才覺得受傷。這樣抽絲剝繭一番之後，我心裡那股鬱悶的感覺也消散許多，開始能接受「現實就是這樣，是我自己期待過大」才這麼傷心。

最後我問自己：「那之後我打算怎麼做？」

仔細想想，我還是想當一個願意幫助別人的人，不過多設了幾個提醒：

第一、額外幫助人的時候，要確保我處於有餘裕又舒適的前提。不要拿「期待別人會開心」來激勵自己超額付出，因為對方沒有義務活出我的期待。（舉最簡單的例子，今天如果我去旅行，遇到一個朋友應該會喜歡的東西，但我手上東西已經太多了拿不動，我就不會幫他買，不會逼自己多扛得腰痠背痛，只因為期待他開心。）

第二、別人沒要求，但自己願意付出的時候，情境允許就問對方，沒收到肯定答覆寧可不做。（承上，如果我包包裡有多的空間，幫忙買不會造成額外負擔，就先拍照問對方要不要。如果對方沒及時回覆，那寧可不要買。）

第三、如果對方沒答覆，但依照經驗判斷、以及彼此的交情，覺得對方應該是需要的，那先問自己「有沒有能力承擔對方的拒絕」，例如對方不收、或是要求恢復原狀？如果都能接受，那才做。

（如果對方沒有回覆，但因為我跟對方很熟，加上之前聊天他提過非常喜歡這個，只是平常都買不到，我會問自己：「如果擅自先買了，對方卻不要，這個金額我能負擔嗎？或是我有時間或精力去退貨嗎？」如果我都能接受，也願意為對方這麼做，我才會做。）

在這個世界，做個「只顧自己就好」的人很容易，要當個「成熟的好人」其實更困難。善意很寶貴，所以不能隨意揮霍，更不能讓它輕易受傷——要學會照顧自己的精力和情緒、要拿捏付出的界線、能因為別人的笑臉而開心、但又要放下對他人笑臉的期待。

雖然很難，但我更希望世界是這樣運作的，所以我會先從自己開始練習。在每次付出之前謹慎，在別人拒絕之後坦然，因此之後能在別人開心時，也加倍一起開心，當一個有成熟善意的人。

情緒光影卡練習時間

「眞實」對大部分的人來說，都不是舒服的事。然而一旦接受之後，反而擁有更多的輕鬆和坦然，因爲不用再爲了「破滅」的那一刻傷心。

你在什麼時候抽過「眞實／幻滅」這張牌呢？下次抽到這張牌時，不妨思考自己原本抱著什麼期待，又因爲什麼事件而幻滅？別急著排斥「眞實」灰撲撲的樣貌，調整其他的方式，或許也可以活出另一種版本的美好！

四、為日常加入靈性元素

如何判斷我現在是在「好頻率」裡？

「你所遇到的一切，都是自身頻率吸引來的。」這句話，只要有接觸身心靈知識的人都耳熟能詳，也因此「調頻」成為許多人修行的重點。

調整頻率的方法有很多，從身體照顧的「好好吃飯、好好睡覺、好好運動」，讓肉身能量穩定；到往心靈層面著手的「好好覺察、好好修行」，顧好內在散發的頻率，也都有舉足輕重的效果。而隨時保持感激與喜悅的情緒，對人事物心存善念，也都是穩定對宇宙宣告「我喜歡這樣的事，歡迎給我更多！」的方法。

這些理論大部分的人都知道，但很難一直保持。有時早上起來，明明下定決心今天要心存感恩，但出門買個咖啡，遇到臭臉店員把發票扔在桌上，臉馬上跟著垮下來，在心裡飆髒話，恨不得發臉書罵兩句。

下午同事帶來你心心念念剛出爐的麵包，你又驚又喜，連忙提醒自己要滿心喜悅的享受。但十五分鐘後又被主管丟來一堆雜事，忙著收爛攤子，把麵包都放涼了，回過頭來已經硬得像橡皮，沮喪瞬間湧上心頭，但又連忙警告自己：「不能這樣，頻率會降低，就遇不到好事了！」

「調頻」中的人就不能有負面情緒嗎？我也曾經有這樣的困惑，尤其從小是情緒很多、纖細敏感的個性，叫我不能有負面情緒，簡直像自斷手腳一樣痛苦。

後來我才逐漸理解到，如果沒有改變引起情緒的「思考模式」，僅在負面情緒出現時，厲聲對自己說「不可以」，那其實只是造成更多的壓抑。相反的，如果能在負面情緒升起時，先好好接住自己，事後回過頭深入思考：「是什麼樣的想法，導致我有這種情緒？」這才是真正的「調頻」。

舉個例子來說，我曾經遇過一個頻率維持得很好的朋友，他人生也真的吸引來很多貴人和好運氣。有一次工作上他遇到突發狀況，必須開口尋求別人幫忙。結果那個人雖然有幫，在我眼裡卻有點敷衍，並沒有真正盡力，正要為他抱不平的時候，朋友竟然用真誠的口氣跟我說：「天啊，我真是太幸運了，他願意幫我這個忙，真是超感激的！」

當下我一愣，想說對方根本就只是舉手之勞而已，你這麼開心幹嘛？後來我終於明白了，這就是他之所以這麼幸運，而我這麼平凡的緣故——在他的想法裡，根本沒有「別人理所當然要給我這些」，就算只得到一分，他都會非常珍惜，百分之百地沉浸在感激裡，這種人不用說宇宙了，身邊的人都搶著幫他，誰不喜歡被真心的感謝和對待呢？

反觀我這種人，沒有意識到自己的想法裡，裝著「他有一百，為什麼只給我五十」的理所當然，老是會覺得被虧待，處在抱怨、覺得被輕視、自憐自傷的頻率裡，想當然爾，下次身邊的人連五十都不想給了，宇宙要怎麼給人緣這麼差的人好運氣？就算真的給，搞不好我也覺得理所當然，根本看不見好事情。

而透過多年下來的自我覺察，我也慢慢有了改變，這些導致負面情緒的「想法」一一被修正，常常不用刻意往好處想，很自然就能覺得「現在這樣很棒」，經常沉浸在感激的情緒裡，連帶也容易養出「幸運體質」，甚至寫一系列的文章分享在臉書，深受讀者喜愛。

有一次讀者問我一個好問題：他不太確定自己是不是處在「好頻率」裡，要怎麼樣才能判斷？

他說自己大部分時間情緒都還滿平靜的，也常常覺得現在這樣的生活不錯，但不太確定這樣的頻率，夠不夠形成容易吸引好事的「幸運體質」。

我完全能明白他的問題，因為我自己也是這樣——平常整體而言還算平靜，但到底是因為我頻率調整得很好，還是單純沒遇到什麼大事？

因為這也可以說是我的問題，於是隔著螢幕，我先為自己抽的一張情緒光影卡，翻出來是「信念／天真」。

這張牌的圖像，是一個人在黑暗的森林裡微笑靜坐，胸口有一顆鑽石般的心在發光，象徵著堅定的信念可以保護它免受傷害。但如果這個信念並沒有經過淬鍊、隨著現實調整，只是單純一味地相信，盲目地埋頭苦做，很容易變成「好傻好天真」，鑽石心也只是發光的易碎玻璃而已。

我第一眼看到這張牌時，腦中浮起了一句話：「外在的世界，是被我們內在頻率創造的。」那些圍繞在身邊的黑影，真面目到底是無害的小動物，還是埋伏的掠食者，跟畫面中的人的內在品質，有很大的關係。

因著這個靈感，我開始反問自己一個問題：「如果我今天二十四小時內對世界產生的念頭，接下來三天都會一一透過各種管道回到我身上，那我會開心嗎？」

發現有了這樣具體的提問，答案昭然若揭啊！比起問：「我現在算是在好的頻率裡嗎？」還要更一擊命中——因為我反射性的回答就是：「好像不錯，好像又有點可怕。」不錯的是，最近這二十四小時我都還算滿有生命力的活著，興致勃勃地買食材嘗試新菜、走很遠的路當運動，覺得生活非常有趣。

可怕的部分是，我承認自己對別人有點冷淡，明明很喜歡友善而親切的人，但卻用有點敷衍的方式跟別人互動，如果世界會給我這個迴力鏢，我還真的開心不起來。

所以讀者問我的問題，在那一刻有了答案：所謂好頻率或壞頻率，沒有一定的標準。如果現在的念頭所帶的頻率回到我身上時，這會是我想要的世界，那就是「好頻率」。

有一句話說「你希望世界是怎麼樣，自己就先成為那樣的人」，講的就是同樣的道理。如果很想要擁有容易吸引好事的體質，又不確定自己有沒有做對時，很簡單，下次問自己這個問題就對了：「如果我今天二十四小時內對世界產生的念頭，接下來三天都會一一透過各種管道回到我身上，那我會開心嗎？」保持那些你願意加倍收到的念頭、調整那些你不想收到的事情，這也是一種很直接的「調頻」方法。

最後還想補充一下，所謂「世界給你迴力鏢」，是以「念頭」為出發點，而不是「行為」。如果只是為了有好報，而強顏歡笑地去幫助別人，念頭卻是滿腹牢騷和怨念，那樣最後獲得的也是「別人不情不願的幫你」的頻率。

又或者就算沒有太多的「行為」，只是在家滑著臉書，但腦中浮現的念頭都是善意、為別人開心、溫暖關懷，那就算只是按個讚，那樣的「念頭」力量也無比強大。

「念頭」才是頻率的根源。

當然還是得說，一個維持好頻率、好念頭的人，並不是絕對不會遇到壞事；也不是一個人遇到壞事，百分之百都是被內心召喚的，因為好事與壞事，背後的因緣流轉非常複雜，沒辦法簡單概括。

不過有一件事情倒是真的——維持好頻率的人，往往遇到好事的機率極高；就算他遇到壞事，也通常比別人有更強大的貴人運或智慧，化解眼前的困難。整體而言，好好調頻的人，真的會過得比較快樂。

我想，那些幸運的人都做對了一件事：珍視自己的念頭，因為裡面藏著你未來的幸福。

情緒光影卡練習時間

如果想透過牌卡練習「調頻」，不妨檢視手上的每一張牌，並特別關注牌卡上代表「負向情緒」的文字——例如：「擔憂」、「膽怯」、「恐懼」等等。

哪一張牌卡上的情緒，是你最困擾的？將它挑出來，並且參考牌義解析，思考是否有辦法將目前過度使用的「負向」情緒能量，將之調整成健康的「正向」使用？

你真正在意的是什麼？

每隔一陣子，我就會作同一種重複的夢。

夢中的我，會對明明沒有好感的男人百般撒嬌，希望他幫我完成某個目標。但每當醒來的時候，身心都會覺得反胃，因為那跟平常的我，是徹底不同的性格。

從小我就不認為自己比男人弱，當女性長輩在教我「要懂得跟男生撒嬌，讓男生覺得要保護你、疼惜你，甘願主動幫你做」的時候，我都是反骨地覺得「為什麼要靠男人，我自己會啊！」而什麼都先自己扛起。

所以從小開始，什麼重灌電腦、組裝家具、研究電器、換零件，甚至學用電鑽，從來不覺得這種事「男生才會、女生不會」，而兩手一攤叫別人做。我會自己查資料、上網摸索研究、不會就問人，努力摸索到會，並且深深喜歡這樣能幹的自己。

也因此，我對於夢中會變成自己討厭的樣子，感到非常難以忍受。「幹嘛要拜託男人啊！你自己不會做嗎？而且在夢中你明明就完全不喜歡對方，為什麼還要擺出一副弱女子的討好樣，拜託他幫你做事？」即使已經完全清醒，我還會對著夢中的自己嘔氣，就知道心裡有多反胃。

但是我同時也明白，夢境是反映潛意識，尤其是反覆出現的夢，更是隱藏必須看見的課題，於是我也開始思索，這個夢可能代表什麼。

如果用最基本的原理去探討：夢，會釋放一個人平常壓抑的的能量。

那麼夢中的我，會忽然變成小女人，可能代表這是我過度壓抑的面向吧？因為很討厭成為這樣的人，所以現實中會矯枉過正，誰都不想拜託，平常能夠自己來就自己來。但或許我有時也是很想撒撒嬌，拜託別人幫我忙，這好像也是真的。

分析到這裡，我就想到：「所以代表在現實生活中，要多練習麻煩別人，展現自己依賴的一面嗎？」好像對，但又好像差了一點什麼。

那個「什麼」，是我靠自己覺察不到的盲點，於是靈光一閃，不如抽張牌問問吧！對於這個夢，有什麼面向是我沒意識到的？於是洗了牌，問牌卡：「為什麼我會做這種討好男人的夢？」抽出來是「堅持／苦撐」。

我看到牌面上一個在水裡努力憋氣的人，腦中幻想著拿到的獎盃，上面寫著一個大大的「1」，忍不住就大笑起來，瞬間明白牌卡的意思。

原來重點根本不在於「獨立」還是「依賴」的二選一，而是在於我背後更深層的動機——我太想要「贏」。

不管是在夢中還是日常，我長期以來都無意識地在競爭。小時候比分數比考試就不說了，出社會之後比頭銜比薪水，成為作家之後比排行榜、臉書貼文希望比別人多讚、比收到的工作邀約、比誰看起來創業之後更成功。

只是在這些比較背後，我習慣用「自己單獨努力，不拜託別人」來逞強爭贏；在夢中，我則是「無所不用其極地討好別人」來贏，只要對方能幫我達到目的就好。兩種方法其實都在「背棄」自己，沒有哪個比較高尚。

我真正該問自己的問題是：「你到底為什麼這麼想贏？」

我想到最近在聽印度靈性導師薩古魯的演講，其中一段大意是這樣：學生問他自己經常被父母拿去和同儕比較，因此自己很沒自信，要怎麼樣才能擁有自尊自信？

薩古魯回答說，人被灌輸只有在別人做得比自己差，自己是第一名的時候才感覺快樂，這是一件很可怕的事。

在這個巨大的宇宙中，就算是太陽系也只是宇宙中極微小的一部分，微小到明天整個消失也不會被注意到的程度，更別說是地球。而人類占地球的分量又更加微不足道。但是這麼微小的人類，卻總認為自己是個重要的、擁有強大自尊的宇宙中心？

我聽到這一段，跟著台下學生一起大笑。是啊，這就是人類的荒謬，明明這麼渺小，卻把自己當成宇宙中心，非要「贏」好像才能代表什麼，狂熱地追求自尊。但事實是，在宇宙中，我們比塵埃還不重要。

很多時候，意識到自己「不重要」，反而會鬆一口氣。而就在這時，我又看到自己寫的牌義解析，裡面一句話正中紅心：「你有沒有在過程中，為了拿到想要的獎賞，過度忽略自己最基本的需求？」

的確是這樣沒錯。每次在我忙著證明自己夠好，想要贏的時候，都忽略了自己內心真正的需求——也就是「幸福感」。

如果我關注的是「幸福感」，那在乎的就不會是「贏」。我會更在乎創作時是否充滿激情，分享時是不是興奮不已，還有成功傳達「覺察」的力量時，別人從我身上接到了清明與頓悟，那種彼此共振的感動，每每都讓我感到非常幸福。

那和「想贏」是完全不一樣的品質。

夢境幫我上了一課，而我透過牌卡幸運地接住了它，重新整理了我的人生——我希望之後的自己，成為一個即使沒有贏，卻在過程中很幸福的人；而不是贏在最後，卻在過程中失去快樂的人。

我們常常一覺醒來，模糊中記得做了個夢，但往往捕捉不到夢的含義，最後摸摸鼻子想「反正只是夢嘛」就算了。但其實夢會揭露潛意識深藏的議題，熟悉解夢的人，往往捕捉到夢中的情緒，就能順藤摸瓜找出夢境對自己的提示，其中都有靈性成長的寶藏。

如果還不熟練解夢，但又想知道夢境想告訴我們什麼時，不妨透過抽牌詢問：「我做了一個○○○的夢，這個夢是想告訴我什麼？」看看牌卡有沒有什麼線索。不用擔心有沒有正確解答，記得，最了解潛意識的是我們自己。只要那個線索對改善生活有幫助，那就儘管參考使用也無妨！

即使不滿現況，也要活在當下

有一位讀者說，最近他經常夢到前任。

「但其實我們已經分手五年了，現在也有一個很棒的伴侶，平常根本不會想起他。更別說當時他傷我很深，就算現在各自單身，我也一點都不想跟他交往。」提起這個人時，他似乎還帶著一點輕微的憤怒。

而每次夢到前任，他醒來都很不開心，好幾次夢中甚至還想著：「我不是已經有新對象了嗎？為什麼還會跟這傢伙在一起？」跟朋友提起，對方還不識相地調侃他：「一定是你心裡還愛著他啦！你內在一部分還想念著他，只是不敢承認才會夢到。」

真的是這樣嗎？他不同意。因為有幾次夢到跟前任還是情侶，明明對方百般獻殷勤，夢中的自己卻覺得反感，不斷逃離和躲起來，如果自己心底還愛著他，怎麼會是這個反應？

直到有一次，他在夢中又回到和前任交往的那段時間。對方像往常一樣來他家，甚至還在廚房忙進忙出，煮他最愛的綠豆薏仁湯。即使不知道自己在作夢，他還是感覺得到心裡對這個人沒有愛了，恨不得能盡快離開他。

正當心裡感到無力時，他瞄到對方為他張羅一切的身影，心裡卻浮起一個從來沒有過的念頭：「就算我不愛這個人，但至少他也是真心誠意在付出，我們現在也仍舊在關係裡。與其讓自己活得行屍走肉，不如先把這個當下活好吧！好好看著他、好好感激他的善意，如果真的還是沒感受到愛，等一下也好好提分手，不要只是想著撇過頭閃躲。」

這是他第一次不選擇逃避，而是即使不喜歡，也選擇真誠地走向對方，好好說謝謝，好好分開。那一瞬間，他突然就醒來了。

那是第一次他主動從這個夢境中清醒，他有個感覺——潛意識在告訴他，他剛剛「做對了」某個選擇。

「我覺得這個訊息很重要，但是又不是很說得上來。剛好我看到你文章分享牌卡可以解夢，我就抽一張問問，這個夢是潛意識要告訴我什麼。」他說。

醒來後他馬上去拿牌卡，洗牌抽出來一看，是「友善／討好」。畫面是一個人努力對鏡子撐出微笑，準備等等去見外面的人群。正面解釋可以說是「友善」，即使已經很累，還是不想用私人的情緒和臭臉傷害無辜的人，那是一種很大的善意。但如果是勉強自己去融入人群，硬是裝出和善的樣子去「討好」，那就是一種負面的勉強了。

他對著這張牌沉思一陣子，接著靈光一閃，過去所有的夢境都串了起來。

「我覺得那張牌卡超像我的，因為不管在交往時還是夢裡，我總是害怕破壞表面和平，一直都在討好。即使已經確定不愛了，但前幾次作夢時，我不是消極躲開、就是硬著頭皮陪笑，前任想幹嘛我都配合，但其實夢中我都超痛苦的，覺得為什麼要背叛自己的感受？」

但是在最後那一次夢中，他主動做了一個全新的選擇——不是躲開，也不是陪笑，而是意識到「即使不滿現況，我還是要好好活在當下」。而夢中的「當下」是，他們依舊還在一起，而對方也正在對他好，即使未來不明，他還是選擇「當下」要看見這份善意，並且好好說謝謝。

「所以『即使不滿現況，我還是要好好活在當下』是潛意識要給我的提醒嗎？我很喜歡這個答案啦，不過為什麼要提醒我這個？跟我最近遇到什麼事有關嗎？」他忍不住沉思起來。

我光聽到這裡，就已經覺得這位讀者的自我覺察功力很讓人驚豔，其實只要問幾個問題，就能解開謎底，於是提醒他道：「你在平常的生活裡，也有這種『害怕破壞表面和平』的情緒嗎？有時候夢境的情緒，在白天的時候也會反覆發生哦！」

他想了一下，接著恍然大悟：「還真的有！我最近跟室友的關係這樣！」他在螢幕另一端顯然相當興奮：「你讓我想起來了，我其實不滿室友的生活習慣很久，也打定主意今年合約到期就要搬出去。但因為合約還有半年，我想說平常就忍一下，不要破壞表面和平，所以見到對方還是會客套微笑，但其實我超不想的，導致我每天想到要回家都超痛苦——這跟夢中的我一模一樣啊！」

果然最適合幫自己解牌的人就是自己啊，我忍不住這樣想著。「那你夢中的『即使不滿現況，還是要好好活在當下』的領悟，有沒有提供你什麼解決方法？」我問。

他沉默了一陣，接著說他想到一個初步的規劃，他去實驗一陣子再來跟我回報。約莫幾周後，他又跑來私訊我，這次非常雀躍地說，那個夢境的提示真的有用。

「我之前每次對室友不滿，都用『再忍半年就好』來壓抑自己，結果這只會讓我看到對方就生氣，愈來愈不想回家。」他說：「後來經過上次的摸索，我意識到『再忍半年就好』的想法，只會讓我逃避當下的感受，那我這半年的生活不就廢了嗎？所以我決定，就算我不喜歡現在的處境，我還是要好好活在當下。」

所謂的「活在當下」，是指無論是好事或壞事，都會如實地看見，而不是只看好的，或是只挑剔壞的。

因此他選擇不再抱著一肚子氣回家，也不把目光卡死在那些他看不順眼的生活習慣上。他會練習看見室友對他也有好的一面，例如室友會主動詢問要不要幫他多帶一份消夜，以前他因為心裡不滿，只會客套地拒絕。但他開始會感謝對方的體貼。

「真的如實地看見，會發現室友也是有對我好的地方，雖然我不需要，但還是可以感謝他的善意。」他一點一滴地分享道：「但活在當下也代表，壞的部分，我不會再用表面和平來迴避。對方真的廚餘沒丟發臭、衣服塞在洗衣機三天沒晾，我不會再拿『反正我快搬出去了』來壓抑不滿，現在會告訴他這讓我很困擾——他有沒有改是他的事，但至少我對自己誠實了，這讓我大大鬆一口氣。」

那當他改變之後，室友有跟著奇蹟似的改變嗎？當然沒有這麼快，改變一個人不是這麼容易的事，但當自己改變行為之後，心境確實也會跟著改變。他的行為，其實就已經為「不滿的現況」拿到一份解藥——如果現況有好的一面，他就能好好享受和感謝。如果現況真的不好，也不會躲到逃避裡怨天尤人。該說什麼就說，該做什麼就做，也許生活不會馬上起變化，但至少內心會非常舒坦。

而很少人知道的是，「活在當下」也是「改變未來」最好的方法。因為「未來」還沒發生，「現在」的我們本來就哪裡也不能去。與其什麼都不改變，苦等還沒發生的未來，不如先練習好好待在這一刻，毫不逃避的面對，那當「未來」發生時，往往也會是最好的版本。

情緒光影卡練習時間

牌卡使用得宜的話，也是一個幫助「回到當下」的好工具。

如果發現自己的大腦經常擺盪在「過去」或「未來」之間，而無法好好正視當下時，可以讓牌卡幫忙找出沒意識到的原因。詢問：「爲什麼我最近很難好好地活在當下呢？」看看牌卡有什麼提醒哦！

為每一趟出走，加入靈性元素

如果你也和我一樣喜歡旅行，可以試著用牌卡，為一趟行程加入「靈性元素」。

這個靈感來自於春末夏初之際，我受邀到花蓮的一座度假療癒中心，參加三天兩夜的身心充電旅程。出發前合作單位邀請我，把一套他們新推出的牌卡加入每天的靜心。我靈機一動，順手也帶上了情緒光影卡，把自己的元素也揉合進這趟旅程——結果兩者搭配得非常契合，每天翻牌時都大有收穫。

旅程的第一天，助教邀請我們先為自己許一個願。我想到這陣子有個重要的目標，就是「好好體驗人生」。但是我擁抱世界，世界卻不見得對我溫柔，有時候滿腹赤誠和熱情，換來卻是冰冷的荊棘搧來一巴掌。幾次我都想躲回封閉又安全的殼裡，可是這次我不想這樣──「我希望能夠找到適合我的方法，讓我有能力擁抱世界，但也鍛鍊出彈性保護自己。」

許下這個願望之後，我走出地板明亮光潔，牆上畫著大片曼陀羅的瑜伽教室，來到住宿的房門口。一進門我就先倒抽一口涼氣──入住時櫃檯說我原本的房間有異味，所以幫我免費升等成樓中樓房型。那個小屋堪稱我這輩子住過最寬敞豪華的房間，不是只有「漂亮」，嚴格說起來它屬於素雅，但所有的細節打理得乾乾淨淨，許多細節也周到考慮使用者需求，以至於體感上非常奢侈。

我住旅館的經驗還算豐富，深知「表面看起來漂亮，不見得住得舒服」，真正的魔鬼往往藏在細節裡。但這房間許多設計，都看得出縝密的體貼。例如為了配合靜心者早睡早起、淨化身心的目的，茶包都是品質很好的無咖啡因茶飲，不像旅館常常放兩包即溶咖啡或平價綠茶就湊數。連床頭旁的開關一開，循著幾盞亮起的小燈，就可以半夜順利走下樓上廁所，又不至於忽然滿室全亮消了睡意。

晚上在窗邊浴缸一邊泡澡聽音樂，一邊感歎自己到底為什麼會這麼幸運啊？於是抽了一張牌，翻開是〈享受／耽溺〉。看到「享受」兩個字忍不住會心一笑，這兩個字正貼切形容我的處境啊！牌面上的男子帶著漂亮女子跳探戈，女子神情看起來非常投入，直覺這是要我「享受世界給予的美好」的意思。

我仔細一想，是啊，我不是正想學會「好好擁抱世界」嗎？第一天世界就送我一個大禮，還不是表面浮誇的「奢華」，而是「體貼入微的精緻」，讓我每個毛孔都深深相信，世界還是有美好的東西存在的。既然這樣，我就收下這個禮物，盡情享受吧！

＊＊＊

第二天則是滿滿的重頭戲，其中之一是我額外預約的「阿育吠陀一對一諮詢」。

這是我第一次做一對一的阿育吠陀諮詢，以前只看過一些網路文章或書籍，但還是似懂非懂。那次預約到一位底子深厚的老師，詳盡地分析我的體質類型，還有體質導致身體和心理的狀態。過程中我持續驚呼「真的！我真的會這樣！」、「什麼？原來這個也跟體質有關嗎？」、「所以這個狀況是體質造成的，不是我不好嗎？」

對，覺察自己的發言才意識到，我非常容易責怪自己「不夠好」。容易睡不好是我的錯，是我太敏感。消化弱是我的錯，我胃太差。身體太僵硬的我一定是瑕疵品，別人一下子就能對折，我練了好一段時間還在滿臉羞愧地掙扎著摸地面。我很難在一個地方定下來，是社會主流不喜歡的那種「三分鐘熱度」。我很怕痛，身體和精神都不能被粗暴對待，坊間的按摩師常常不理解「我都沒用力你是在哀什麼」，環境噪音也特別讓我煩躁。我記憶力還很差。

但這些都不是「錯」，在阿育吠陀的視角裡，都是我的主要體質失衡時常見的副作用。我們當然可以學習方法，來調整成更為平衡的狀態。但這些狀況並不是「錯」，不需要用責備去「消滅」。

那次諮詢對我的身心來說，都是一次很大的療癒。除了學到怎麼用阿育吠陀的方法保養自己，更重要的是我現在知道，那些我以為是缺點的東西都很「正常」，只要帶著愛意和滋養的心，去好好照顧它就好了，它沒有犯錯——我必須比誰都清楚這一點。

那天我抽到的牌，恰好就是「完整／不完美」。牌卡上是一個由拼圖組成的人，裡面各自有「好」與「不好」的面向。如果試圖抽掉任何一個「不好」的拼圖，這個人就缺損了。這張牌的意思是，與其用「不完美」的視角責怪自己，拼命想改變或抽掉某一塊，不如接納這些都是我的一部分，才是真正「完整」。

想來也很好笑，明明這張牌是自己設計的，牌義解析也是自己的手筆，卻還是被提醒了一次：「要接納自己的一部分哦！」，在「知道」和「做到」之間，果然有層層疊疊的幽微差距啊。

那這張牌跟「想要擁抱世界」的願望有什麼關聯呢？我看著牌卡，突然領悟到為什麼常常感覺很受傷——因為我潛意識覺得自己「很糟」，所以遇到別人不友善的對待，都會覺得「一定是我不夠好，你才會這樣對我！」簡單來說就是沒自信，所以常常覺得「被針對」。

可是別人可能只是公事公辦、太累、心情不好、或是他其實對誰都這樣。又或者就算對方是針對我，如果我有足夠的自信，也不會受太大的影響，真的是我做錯事就改；不是我的錯，那大可一笑置之。說到底，因為我也討厭一部分的我，所以別人對我的敵意，我會下意識地照單全收，等於無意間幫著對方攻擊我。

如果我想要擁抱世界，又要能夠保護好自己，不是變成強悍到別人會怕，也不是縮回自己殼裡。對我來說，「接納自己所有的面向」才是最重要的一步，它讓我不會過度把無意當惡意，也不會讓惡意真正鑽進心裡發酵。當一個人能夠這麼輕鬆坦然，其實很多事是無法傷到你的，真的有萬分之一遇到，也能用最大的彈性去應付，最後受的傷也最小。

那天晚上，我睡得非常香甜，就像我和自己彆扭了一輩子，終於走出和解的第一步。

＊＊＊

最後一天，早上做完瑜伽和祝福儀式，中午就要退房了。

即將離開這個靜心天堂般的地方，我抽到「觀照修行／靈性逃避」，這張牌是一位修行者，在靈性書籍堆砌起來的洞穴裡靜坐，外面有人謾罵、有人哭泣，但是他無動於衷。正面的解讀是，安住在觀照覺察裡，就不會被俗世的干擾動搖。負面的解讀則是，因為不想理會外在世界，所以逃避到靈性世界裡尋求安寧。

我翻開牌時噗哧一聲笑了出來，它說中了我的心聲，因為要離開這裡我多少有點忐忑，畢竟「外面的世界」不會像靜心園區這樣，人和環境都這麼美好友善。可能我一出去就會遇到狂按喇叭的司機，或是態度很糟的店員。但如果我只想躲在靈性的世界，貪戀精神上的舒服美好，就會變成一種「逃避」，離我嚮往的「擁抱世界」更遠。

但也不代表要完全捨棄靈性，相反的，靈性恰好是能讓我擁抱世界的後盾。這次旅程提醒我「好好接納自己的每一部分」，教我溫柔悉心地照顧自己的體質，持續規律地練習修行以滋養能量，帶著這樣的「靈性力量」入世，我確確實實可以享受這個世界的美好，同時也有彈性保護好自己不受傷害。

三天的三張牌卡，每一張都與當天的經歷對應，也細細為我抽絲剝繭，汲取深入的靈性養分。下次如果你也去旅行，即使是跟靜心無關的出遊也無妨，行李箱帶副牌卡，每天自由找個時間抽一張，作為內在提醒，為這趟旅程加入「靈性養分」吧！

情緒光影卡練習時間

旅行前除了訂好「機加酒」，還可以事前許下一個我們想達成的願望，例如：「我想在這趟旅行充分體驗和朋友相處的快樂」、「我想在這次旅途中勇敢體驗未知的事物」、「我想透過這次出國，練習完全放下工作」。可以出發前先抽一張，作爲行前小提醒；也可以旅途中每天抽一張，看看今天有沒有什麼訊息引導我思考。旅途結束後，不但留下滿滿的照片與回憶，還有靈性的禮物哦！

看見權威恐懼的課題

四月初的時候，我去花蓮的療癒度假中心做一趟身心充電旅行。三天兩夜行程的重頭戲之一，就是克利亞瑜伽。事前我並不知道這堂課有什麼特別，但已經體驗過的朋友說：「你上完課再告訴我感想，那是很深的大清理。」

我很快就知道厲害了。

課堂前帶領的老師說，「克利亞」可以理解為氣功的意思，所以不用想成把腳纏在頭上那種瑜伽，更多的是強烈的呼吸法和拍打，這些動作會打開身體平常鎖住的開關，釋放壓抑的能量和情緒。

示範幾個動作之後，我們這梯四位同學就和老師一起翻眼吐舌，發出激烈的哈氣聲，在寬闊的教室裡開始各種拍打吐納。不曉得是不是因為我平常練瑜伽很勤，又有練印度系統的修行，反應會比較直接？其他同學平常都沒有接觸身心靈，甚至沒練過瑜伽，看起來從頭到尾都還挺冷靜的，只是會喘會累而已。

我大概前十分鐘不到就開始打嗝，一陣陣反胃感從腹部深處湧上來。第三個動作沒多久，內心就浮起一股「靠，我一定會吐」的直覺，接著十秒過後我就衝去廁所吐了。

明明胃裡是空的只吐出水，但感覺一堆壓抑的東西爭先恐後湧出來，吐完以後回教室，繼續邊練邊狂打嗝，身體繼續被狂暴的呼吸法大清理。

那堂課前後整整持續九十分鐘，到後面我已經接近靈魂出竅。原本還會下意識地看一下其他同學，那時候已經完全無法注意任何人了，光是呼吸也能呼吸到理智直接斷裂還是第一次。

最後結束攤在地上大休息時，我徹底理解這個姿勢為什麼叫「攤屍」——因為我現在真的就是一具攤在地上的屍體！

下課以後還沒結束，回房間又繼續吐一輪。終於覺得吐完後沖了馬桶，爬向鏡子洗洗手漱漱口，抬頭看整個人神清氣爽，啊，原來這就是淨化完的樣子。

因為大量代謝之後有點發汗發冷，吃完飯去泡了熱騰騰的裸湯，每個細胞都被燙得又軟又暖，重新大口呼吸起來。吹乾頭髮走在大草原的小徑上，抬頭見到滿月。啊對啊，剛剛老師說今天正好是滿月，情緒和潛意識都會高漲，非常適合清理，怎麼這麼湊巧，就在這一天遇到克利亞瑜伽。

那次旅行我有帶上〈情緒光影卡〉，事後很好奇自己吐出來的那些到底是什麼，結果翻出來是「威嚴／威權」。

畫面是高高在上王座上的人，下面有一群人朝他膜拜。正面的解讀是得民心的王者，受人尊敬自然流露的「威嚴」。負面解讀則是端著空虛的架子，明明搖搖欲墜，要靠下面的人填補維護，卻還不肯下來的「威權」。

我一看到這張牌就想，哎呀，這不就剛好是和胃的脈輪相應的課題嗎？人體有七脈輪，掌管從頭到腳七個能量中心，分別對應不同的器官和情緒。而位於胃部的脈輪，稱作胃輪或太陽神經叢，在健康的時候，人會具有有自信、強壯、能夠堅定自我疆界的力量；失衡的時候，則會表現出傲慢、剛愎自用、高高在上獨斷獨行。換言之，健康的胃輪讓人成為「勇士」、失衡的胃輪則會成為「暴君」——也就是這張牌的正面與反面。

而「權威」確實也是我從小到大一直以來的課題。

我很畏懼權威者，從小活在高壓的求學環境和家庭管教裡，沒有人講道理，反正師長說什麼就是「對」，就是只能「服從」，不然你會遭受的精神羞辱和肉體懲罰，是一個敏感脆弱的小孩無法承受的。

但可怕的是，即使我厭惡權威者，長大以後卻依舊擺脫不了權威的陰影。我無意間還是會想尋求權威者的認同，長輩或主管只要指責我不夠好，就會讓我瞬間炸毛拚命辯護。出社會找工作時，比起追求薪水，我更在意名片遞出去，公司頭銜能不能讓人肅然起敬。這其實都是過度在意「權威」對我的評價——權威覺得我不好，我就是廢物；權威認可我，我就覺得臉上有光。

職場或日常，遇到有權威背景的人，會不由自主地討好；他們犯錯時我也會特別憤怒，認為只要有一絲缺點就不配坐那個位子——這其實是也過度神化權威者，要嘛戰戰兢兢地捧著，要嘛摔碎在地上踐踏，沒有意識到他們也是活生生的「人」，而人本來就是有多面性。

做自由工作時，會因為自己沒被權威系統、名師證照「加持」而焦慮。看到網路上有人吵架，一言不合就拿「頭銜」叫別人閉嘴時，也會覺得一陣煩躁。

我會在做克利亞瑜伽的時候，一發動清理胃就有反應，或許是我的「權威情結」被挖出來吧。

我的能量千絲萬縷纏在「權威」象徵的一切事物。在我的認知裡，權威者要什麼都有，有尊敬、有資源、有人愛、有人討好、有話語權，不管是在職場還是自由工作領域，機會也都先湧到他們那邊，因為大部分的人都崇拜「權威者」

金光閃閃的招牌。
但是我一方面羨慕、一方面卻也不想努力成為權威者，因為我內心知道，我真正想要成為的是「自己」。
可是頭腦這樣想，心裡卻拿不起又放不下，變成既羨慕他們又討厭他們、想成為自己卻又看輕自己，那樣的能量就積在身體裡，直到遇上特殊的呼吸和滿月，突然就大力湧出來。
吐完以後覺得很舒服，也覺得心裡很多東西鬆開了。
當然課題真正要走完，最終需要靠「覺察」來改變長期以來的慣性，習氣才能根除。不然就算吐一吐清理完，同樣的思路還在，未來依舊會重新累積。
但牌卡幫助我「看見」，我就不是白白吐了一場，而是克利亞瑜伽幫助我「大掃除」，牌卡幫助我知道怎麼維持「清爽」。
比如說在那次療癒之後，我再遇到社會上認定的「權威者」，已經不會這麼容易羨慕或生氣，而是會把對方還原成一個「人」來相處，對方要擺架子是他的事，至少我內心是輕鬆不受影響。

如果真的湧起了緊繃的對抗感或嫉妒感，那也沒關係——升起一股覺察，清楚看見自己又被「權威」拉扯了情緒，接著深吸一口氣，提醒自己「把對方當成人來相處」，回歸真誠地和一個人的本質互動，而不是在權威的光環裡迷失了自我。

我想真正的「自信」，其實不是靠高高在上地讓人崇拜——而是能夠回到地面，輕鬆和任何人相處自在的底氣吧！

情緒光影卡練習時間

在華人社會成長的小孩，多半都有「權威恐懼」。從小到大都在父母師長的高壓管束下，對自己的自由和幸福有生殺大權，以至於很多人不自覺地，過度討好、過度盲從、過度崇拜權威；又或者另一個極端：逢權威必反、對所有權威者抱持滿滿的敵意。

從〈情緒光影卡〉挑出「威嚴／威權」這張牌，觀察牌面：那個高高坐在寶座上的國王，讓你聯想到生命中的什麼人？底下膜拜的人群，又讓你聯想到誰？中間那些忙著鞏固搖搖欲墜的寶座的人，又讓你想到什麼樣的人？這些投射在牌卡上的事件，都可以幫助我們挖掘自己和「權威」相關的記憶。透過書寫這些記憶，協助我們意識到這件事對生命的影響，並在下次課題被引動時，試著提醒自己：「把對方當成一個人」，帶自己重新回到自在。

覺察情緒，好好生活

看世界的方法 251

文字——柚子甜

責任編輯——魏于婷
封面設計——陳采瑩
內頁設計——吳佳璘

發行人兼社長—許悔之
總編輯——林煜幃
副總編輯——施彥如
執行主編——魏于婷
美術主編——吳佳璘
行政專員——陳芃妤

藝術總監——黃寶萍
策略顧問——黃惠美．郭旭原
郭思敏．郭孟君
顧問——施昇輝．林志隆．張佳雯
法律顧問——國際通商法律事務所
邵瓊慧律師

出版——有鹿文化事業有限公司｜台北市大安區信義路三段106號10樓之4
T. 02-2700-8388｜F. 02-2700-8178｜www.uniqueroute.com
M. service@uniqueroute.com

製版印刷——沐春行銷創意有限公司

總經銷——紅螞蟻圖書有限公司｜台北市內湖區舊宗路二段121巷19號
T. 02-2795-3656｜F. 02-2795-4100｜www.e-redant.com

ISBN——978-626-7262-52-8
EISBN——978-626-7262-51-1
初版——2024年1月

定價——380元

覺察情緒，好好生活 / 柚子甜著 —初版．— 臺北市：有鹿文化 2024.1
面；（看世界的方法；251） ISBN 978-626-7262-52-8(平裝) 191.9……… 112019667